भाई गबिले ऑडियो लिंक के साथ अकन्नी संदेश:

आप कोई गलती नहीं हैं ; पिता के पास लौटें; और परमेश्वर की उपस्थिति का अधिकतम लाभ उठाएँ

गिबिले अकन्नी

संकलनकर्ता: राजदूत मंडे ओ. ओगबे

विषयसूची

लेखक के बारे में

22 जून को जन्मे डैडी गबिले अकन्नी, जिन्हें लोकप्रिय रूप से ब्रो गबिले अकन्नी कहा जाता है, एक नाइजीरियाई उपदेशक, लेखक और विश्व के प्रसिद्ध शिक्षक हैं। उनके पास एक अंतर-संप्रदायिक फ़ेलोशिप है जो सभी पृष्ठभूमि के ईसाइयों को आकर्षित करती है। वह कोई चर्च नहीं चलाते; वह एक घुमंतू उपदेशक हैं जो निमंत्रण पर एक संप्रदाय से दूसरे संप्रदाय में जाते हैं।

अपनी सादगी और खुद को "ग्बोको से भाई गबिले अकन्नी" के रूप में पेश करने की प्राथमिकता के लिए लोकप्रिय, वह पूरे देश में युवा और वृद्ध दोनों के लिए एक मार्गदर्शक हैं। वह पा एल्टन द्वारा अनुशासित ईसाई नेताओं की नस्ल में से एक हैं, जो पवित्र आत्मा के माध्यम से पृथ्वी के छोर तक ईश्वर के राज्य का संदेश ले जाते हैं।

गिबिले अकानी का जन्म ओयो राज्य के ओग्बोमोशो के मासिफा में एक “इफ़ा” (मूर्तिपूजक) परिवार में हुआ था।

उन्होंने इबादान विश्वविद्यालय से स्नातक की उपाधि प्राप्त की और बैपटिस्ट स्टूडेंट फेलोशिप के पूर्व छात्र हैं।
वह अपने आध्यात्मिक पालन-पोषण का श्रेय अपने बचपन के मित्र (रेव. डॉ. डूरोसिनजेसु अयानरिनोला) की दादी को देते हैं, जो हमेशा उनके लिए प्रार्थना करती रहती थीं कि वे अपने अंधकारमय परिवार में एक चमकती हुई ज्योति बनें।
"वह मुझे और मेरे बहुत ही करीबी दोस्त, डूरोसिनजेसु, जो उनका अपना पोता है, को 1970 और 1973 के बीच हर सुबह अपने घुटनों पर लाती थी, स्कूल जाने से पहले गहरी प्रार्थना और मध्यस्थता के लिए और दोपहर में हमारे लौटने पर, वह हमें फिर से अपनी कमर के चारों ओर इकट्ठा करती थी और अधिक प्रार्थना और धन्यवाद के लिए। वह चाहती थी और प्रार्थना करती थी कि मैं अपने बहुत ही अंधकारमय परिवार से "चमकता हुआ प्रकाश" बनूँ। जब घर पर मुझे सताया जाता था, तो वह एक "शरण" थी, जहाँ मैं भाग सकता था, जिसके शब्दों में सुखदायक आश्वासन था, "अकन्नी, तुम्हारे पिता को बुरा मत मानना... वे भी उन चीजों को छोड़ देंगे, जैसे मैंने अपनी मूर्ति पूजा छोड़ दी थी। मुझे चारों ओर से धमकाया गया, लेकिन मैंने अपने दिल में ठान लिया, मैं यीशु को अस्वीकार नहीं करूँगा। जब तक मैं मर नहीं जाता, मैं हमेशा उनकी सेवा करता रहूँगा।"

डैडी गबिले अकन्नी एक ऐसे व्यक्ति हैं जिन्हें बाइबल की बहुत अच्छी समझ है। वे 'लिविंग सीड' (एक साप्ताहिक संगति सभा) नामक मंत्रालय का नेतृत्व करते हैं, जिसका केंद्र गबोको, बेनुए राज्य नाइजीरिया में है, जहाँ वे रहते हैं।

यह मंत्रालय अंतर-संप्रदायिक है और देश के हर राज्य तक पहुंचता है। हर साल दिसंबर में होने वाले उनके मंत्रियों के नेतृत्व रिट्रीट में न केवल चर्च बल्कि सभी क्षेत्रों के 15,000 नेता शामिल होते हैं

अपने साथी "लिविंग सीड" में, गबिले अकन्नी सालाना आधार पर मंत्रियों के नेतृत्व रिट्रीट का आयोजन करते हैं। हर साल हज़ारों लोग इस जगह पर आते हैं। इससे कोई फ़र्क नहीं पड़ता कि उनकी उत्पत्ति, पृष्ठभूमि या कहानी क्या है। कोई भी व्यक्ति जो ईश्वर की तलाश करता है, वह गबिले अकन्नी के उपदेशों में उसे पा सकता है। श्री अकन्नी ने एक चर्च नहीं बनाया, बल्कि एक ऐसी जगह बनाई जहाँ विश्वासी ईश्वर के वचन की मदद से धर्मी शिष्य बन जाते हैं।

डैडी गबिल अकन्नी विश्वासियों को शिष्य बनाने के लिए प्रतिबद्ध हैं। उनके पास परमेश्वर के वचन की बहुत गहराई है। उनकी आधिकारिक शिक्षा बहुत चुनौतीपूर्ण और जीवन बदलने वाली है और उन्हें विश्वासियों को केवल यीशु मसीह पर अपना ध्यान केंद्रित करते हुए देखने की गहरी इच्छा है। उनकी ताकत के क्षेत्र शिक्षण और सुसमाचार प्रचार हैं

भाई गिबिले एक मेडिकल डॉक्टर, मम्मी (बहन) साडे अकन्नी से खुशहाल विवाहित हैं, और उनके चार बच्चे हैं और वे पीस हाउस गबोको, बेनुए राज्य, नाइजीरिया, पश्चिम अफ्रीका में रहते हैं।

डैडी (भाई) गबिले अकन्नी की पुस्तकें

एक विपुल लेखक के रूप में, डैडी (भाई) गबिले अकन्नी ने निम्नलिखित पुस्तकें लिखी हैं

- पुरुषत्व की गरिमा
- यीशु जैसा बनना
- महंगी धारणाएँ
- समय पर चेतावनी
- जब परमेश्वर बोलता है
- मौन श्रम
- यीशु जैसा बनना
- ईसाई जीवन की नींव
- मसीही सेवा के लिए परमेश्वर का नमूना
- मुझे एक पेय दे दो
- वैवाहिक संबंध
- ईश्वर की खोज
- अब दो नहीं
- मौन श्रम
- एक बासा हार्ट
- जीवन और सेवकाई के लिए परमेश्वर के संसाधनों का उपयोग करना
- शिष्यत्व की अवधारणा और शर्तों को समझना
- अमिट सौंदर्य
- परमेश्वर अपने पात्र में क्या देखता है
- जब वह आता है
- जब बल के लोगों को अधिक बल की आवश्यकता होती है
- जब स्वर्ग बंद हो जाता है
- हम मरने तक यहीं क्यों बैठे रहें?

लिविंग सीड मीडिया की आधिकारिक वेबसाइट के माध्यम से उनके मंत्रालय के अपडेट का अनुसरण कर सकते हैं।

भगवान ने मुझे पैसे दिए लेकिन मैंने मना कर दिया

साक्षात्कार में मैं सबसे योग्य था। कई पैनलिस्टों को पहले से ही अपनी पत्नियों से मेरे बारे में अच्छी रिपोर्ट मिल चुकी थी, जिन्हें मैंने अपने सेवा वर्ष में "गृह अर्थशास्त्र का भौतिकी" पाठ्यक्रम पढ़ाया था। उन्होंने यहाँ तक पुष्टि की,

"मि. अकानी, आपको नौकरी मिल गई है। हमें वास्तव में आपकी ज़रूरत है और हम आपको चाहते हैं। हमारी पत्नियाँ आपको भौतिकी पढ़ाने के लिए धन्यवाद देती हैं।"

मैंने नियुक्ति पत्र आने का व्यर्थ ही इंतजार किया। दूसरों को नियुक्त किया गया, लेकिन मुझे नहीं। मैं बहुत निराश था क्योंकि मेरे पास कोई “प्लान बी” नहीं था। मेरे पास भगवान के अलावा और कोई रास्ता नहीं था, जिसने मुझे इतने सालों में और खास तौर पर इस मुकाम तक इतनी स्पष्टता से पहुंचाया है।

मैं अभी भी इंतज़ार कर रहा था जब मेरे पास मौजूद सारे पैसे खत्म हो गए और मेरे सारे टॉयलेटरीज़ खत्म हो गए। मेरे पास सिर्फ़ 30 कोबो (नाइजीरियाई मुद्रा में सबसे कम मूल्यवर्ग, जो वास्तव में एक सेंट या पैनी से भी कम है) बचे थे।

मैं इतना निराश हो गया था कि मैंने अपना सामान पैक करके इबादान वापस जाने के बारे में सोचना शुरू कर दिया, जहाँ कई शिष्य मेरे लौटने का इंतज़ार कर रहे थे। एक दोपहर जब मैं प्रार्थना कर रहा था, तो मैंने भगवान से कहा,

"क्या इसलिए कि मेरे पास कहीं जाने के लिए कोई परिवहन किराया नहीं है, इसलिए आप मेरी जिंदगी को इस जगह पर बांध रहे हैं?"
तुरंत ही, परमेश्वर ने एक भाई को प्रेरित किया, जो शहर में एक बैंक में काम करता था, ताकि वह अपने अवकाश के समय मेरे लिए परिवहन का किराया लेकर आए। जब मैं अभी भी घुटनों के बल बैठा था, तो वह मेरे कमरे में आया और बोला,
"भाई गिबाइल, प्रभु ने मुझे यह पैसा तुरंत आपके पास लाने के लिए कहा है और यह उस यात्रा के लिए है जो आप करने वाले हैं। मुझे बैंक में अपनी डेस्क पर वापस जाना है।"
मैं प्रभु के किए पर काँप उठा और पैसे को छूने या भाई से लेने से डरने लगा, क्योंकि मैं देख रहा था कि यह मेरे लिए परमेश्वर की इच्छा के विरुद्ध जाने का एक प्रायोजन था। मैंने भाई से विनती की कि वह पैसे अपने पास रख ले क्योंकि मैं फिर से कोई यात्रा करने के लिए तैयार नहीं था।
जब भाई चला गया, तो मैंने आँसू बहाते हुए प्रभु की ओर देखा और उनसे माफ़ी माँगी। हालाँकि मेरे पास खाने के लिए कुछ नहीं था, फिर भी मैं अपने जीवन के लिए उनकी सिद्ध इच्छा से दूर नहीं जा सकता था। तब परमेश्वर ने मुझसे फिर से बात करना शुरू किया।
"मैं तुम्हें पैसों की कमी के कारण यहाँ नहीं रख रहा हूँ। अगर तुम जाना चाहते हो तो जाने के लिए स्वतंत्र हो।
लेकिन तुम जहां भी जाओ, तुम जो भी कर रहे हो, उपदेश दे रहे हो, गा रहे हो या शिक्षा दे रहे हो, यह मेरे सामने तुम्हारी गुप्त फाइल

में दर्ज हो जाएगा, 'गबिले को बेन्यू राज्य में मेरी सेवा करने के लिए तैनात किया गया था, लेकिन वह फरार हो गया है।' तुम्हारे पास जितना चाहो उतना धन हो सकता है, परन्तु मेरी उपस्थिति तुम्हें नहीं मिलेगी।”

गिबिले अकन्नी द्वारा रचित "ही लीड्स मी" से अंश

पिता के पास लौटो

पॉडकास्ट ऑडियो लिंक के नीचे:

https://podcasters.spotify.com/pod/show/otakada/episodes/Brother-Gbile-Akanni-Messages-Return-to-the-Father-e2knm3c

आपका बहुत-बहुत धन्यवाद। इन चंद दिनों की मुलाकातों को साझा करने में मुझे खुशी और आनंद मिल रहा है, इस बात पर भरोसा करते हुए कि सर्वशक्तिमान ईश्वर, जिसके पास हम आए हैं, हमें अपने पास खींचेगा और यीशु के नाम पर हमें ताज़गी का समय देगा। मैं चाहता हूँ कि हम आज रात की शुरुआत एक साधारण कहानी से करें, जिसे हमने बार-बार पढ़ा है, लेकिन मैं सिर्फ़ लौटने, पिता के प्यार की ओर लौटने, लौटने पर ध्यान देना चाहता हूँ।

जब भी हम पुनर्जीवन के बारे में बात करते हैं, तो इसका संबंध पुनर्स्थापना से होता है। इसका संबंध वापसी से होता है। इसका संबंध हमारे पहले प्रेम, हमारे पहले संपर्क, हमारी पहली मुलाकात और प्रभु के हमारे पहले अनुभव की ओर वापस जाने से होता है।

आज रात हम लूका की पुस्तक के अध्याय 15 से पढ़ने जा रहे हैं। लूका 15, और कुछ मुद्दे हैं जिन्हें हम साथ मिलकर प्रार्थना करते समय समझने जा रहे हैं। लूका, अध्याय 15, और पद 11 की कहानी, लूका 15, पद 11, हम अपने अध्ययन के दौरान पद 32

तक पढ़ सकते हैं, लेकिन हम इसे एक साथ नहीं पढ़ सकते हैं, ताकि हम साथ मिलकर अध्ययन करते समय कुछ समय निकाल सकें।

आइए हम सब मिलकर प्रार्थना करें। आइए हम सब मिलकर प्रार्थना करें। हे हमारे पिता, हम आपके पास आने के इस अवसर के लिए आपका धन्यवाद करते हैं।

हम इन चंद दिनों की मुलाकात के लिए आपका धन्यवाद करते हैं। हम आपको हमारे बीच में चलते हुए देखने की हमारी दिल की महान इच्छा के लिए धन्यवाद देते हैं। हमारी इच्छा है कि हमारे दिलों और हमारे समुदाय पर ईश्वर की आत्मा का एक नया प्रवाह देखने को मिले।

प्रभु, हम प्रार्थना करते हैं कि आप हमसे शुरुआत करें। हम प्रार्थना करते हैं कि आपकी दया और आपका प्यार हम तक फिर से पहुंचे, आज रात भी और आने वाली रातों में भी। हम आप पर भरोसा करते हैं, प्रभु, कि इन तीन दिनों की मुलाकात से हम पर दिव्य दर्शन की अमिट छाप पड़ेगी।

धन्यवाद प्रभु। हम आप पर भरोसा करते हैं, प्रभु, कि आपने पाँच रोटियाँ तोड़ी, और यह हज़ारों लोगों की ज़रूरतों को पूरा करने के लिए पर्याप्त थी, जो भी छोटी चीज़ हम आज रात यहाँ तोड़ सकते हैं, हम प्रार्थना करते हैं, प्रभु, कि यह बढ़े, यह फैले, और यह आपके नाम की महिमा के लिए हमारी व्यक्तिगत ज़रूरतों के लिए पर्याप्त हो। धन्यवाद, पिता।

यीशु के नाम में हमने प्रार्थना की है। आमीन। आमीन।

लूका, अध्याय 15. मैं आपको पद 11 से पढ़ना चाहूँगा. लूका 15, पद 11 से.

और कुछ ही दिनों के बाद, छोटे बेटे ने सब कुछ इकट्ठा किया और एक दूर देश की यात्रा पर निकल पड़ा, और वहाँ उसने अपनी सारी संपत्ति उच्छृंखल जीवन में बर्बाद कर दी। और जब उसने सब कुछ खर्च कर दिया, तो उस देश में भयंकर अकाल पड़ा और वह तंगी में रहने लगा। इसलिए वह उस देश के एक नागरिक के पास जाकर रहने लगा और उसने उसे अपने खेतों में सूअर चराने के लिए भेज दिया।

और वह उस बैल से अपना पेट भरना चाहेगा जिसे सूअर खाते थे, और कोई उसे नहीं देता था। और जब वह अपने होश में आया, तो उसने कहा, मेरे पिता के कितने ही मजदूरों को रोटी से अधिक रोटी मिलती है, और मैं भूख से मर रहा हूँ। मैं उठकर अपने पिता के पास जाऊँगा, और उससे कहूँगा, पिता जी, मैंने स्वर्ग के विरुद्ध और तेरे सामने पाप किया है, और अब मैं तेरा पुत्र कहलाने के योग्य नहीं रहा।

मुझे अपने एक मजदूर के समान बना ले। तब वह उठकर अपने पिता के पास गया, परन्तु जब वह अभी बहुत दूर था, तो उसके पिता ने उसे देखकर तरस खाया, और दौड़कर उसे गले लगाया, और चूमा। तब पुत्र ने उससे कहा, हे पिता, मैं ने स्वर्ग के विरोध में

और तेरी दृष्टि में पाप किया है, और अब इस योग्य नहीं रहा कि तेरा पुत्र कहलाऊं।

परन्तु पिता ने अपने सेवकों से कहा, "अच्छे से अच्छा वस्त्र निकालकर उसे पहनाओ, उसके हाथ में अंगूठी और पाँवों में जूतियाँ पहनाओ, और मोटा-ताजा बछड़ा लाकर मारो, तब हम खाएँ और आनन्द मनाएँ। क्योंकि मेरा यह पुत्र मर गया था, फिर जी गया है। खो गया था, अब मिल गया है, और वे आनन्द मनाने लगे।"

उसका बड़ा बेटा खेत में था, और जब वह घर के पास पहुँचा, तो उसने गाने-बजाने और नाचने का शोर सुना। तब उसने एक नौकर को बुलाकर पूछा कि ये सब क्या हो रहा है? उसने उससे कहा, "तेरा भाई आया है, और तेरे पिता ने मोटा बछड़ा कटवाया है, क्योंकि उसे सुरक्षित और स्वस्थ पाया है।"

तब वह क्रोधित हुआ, और भीतर जाना न चाहा। तब उसका पिता बाहर आया, और उसको मनाने लगा। तब उसने अपने पिता से कहा, देख, मैं इतने वर्ष से तेरी सेवा कर रहा हूं, और कभी भी तेरी आज्ञा नहीं टाली, तौभी तू ने मुझे कभी एक बकरी का बच्चा भी नहीं दिया, कि मैं अपने मित्रों के साथ आनन्द कर सकूं।

परन्तु जब तेरा यह पुत्र आया, जिसने तेरी जीविका को पवित्र वस्तुओं से खा लिया है, तब उसके लिये तू ने मोटा बछड़ा कटवाया। और उस ने उस से कहा, हे पुत्र, तू सर्वदा मेरे संग है, और जो कुछ मेरा है, वह सब तेरा है। इसलिये अच्छा हुआ कि हम

आनन्द मनाएँ और आनन्द करें, क्योंकि तेरा यह भाई मर गया था, फिर जी गया है, और खो गया था, अब मिल गया है।

हलेलुयाह। हलेलुयाह। अब, दो गाने हैं, और उन दोनों को पुनर्स्थापना की आवश्यकता है।

लेकिन आज रात मैं इन दो गीतों को जितना हो सके उतना देखना चाहता हूँ, और साथ मिलकर प्रार्थना करने के लिए मुद्दे निकालना चाहता हूँ। और हमारी प्रार्थना का उद्देश्य, प्रार्थना के दो मुद्दे हैं जिन्हें हम आज रात इस बैठक के अंत में उठाने जा रहे हैं। प्रार्थना का पहला मुद्दा यह है कि हम देखना चाहेंगे कि हम वर्तमान में परमेश्वर की उपस्थिति में कहाँ खड़े हैं।

हम यह देखना चाहेंगे कि व्यक्तिगत रूप से हम परमेश्वर के उद्देश्य में कहाँ हैं। जबकि हम पहले गीत को देखने जा रहे हैं, जिसने घर को पूरी तरह से छोड़ दिया, जिसने अपने पिता को पूरी तरह से छोड़ दिया। फिर हम दूसरे गीत को देखने जा रहे हैं, जो कहीं नहीं गया, लेकिन जो बहुत ही ठंडा हो गया और अपने पिता के प्यार से दूर हो गया।

ये दोनों ही ऐसी परिस्थितियाँ हैं जिनमें हमेशा ही पुनरुत्थान की आवश्यकता होती है। आप देखेंगे कि जो लोग पूरी तरह से चले गए हैं, वे चर्च नहीं आते, उन्होंने अपना विश्वास छोड़ दिया है, वे यीशु के बारे में अब और उत्साहित नहीं हैं, और वे कहीं न कहीं अपना जीवन बर्बाद कर रहे हैं। उन्हें निश्चित रूप से पुनर्स्थापना की आवश्यकता है।

लेकिन फिर आप दूसरों को देखते हैं, वे कहीं ठीक से नहीं गए हैं। वे हमेशा घर पर ही रहे हैं। लेकिन उनके अपने दिल में भी कुछ हुआ है।

वे अब पिता की खुशी का हिस्सा नहीं बन पाते। उन्हें भी पुनर्स्थापना की आवश्यकता है। और मुझे ऐसा लगता है कि वास्तव में दूसरा गीत उस गीत से कहीं अधिक खतरनाक हो सकता है जो खो गया है और हमें नहीं पता।

जो खो गया है और हम उसे फिर से नहीं देख पा रहे हैं, कम से कम आप उसके लिए प्रार्थना करना चाहेंगे। लेकिन जो घर में है, वह कहीं नहीं गया है, उसने यात्रा नहीं की है, लेकिन वह भी अपने दिल में खोया हुआ है। उसका दिल भी ठंडा है।

वह अपने पिता के प्यार और उसके प्रति चिंता पर भी ध्यान नहीं दे पा रहा है। और ये दो चुनौतियाँ हैं जिनके साथ मुझे लगता है कि हम आज रात अपनी बैठक शुरू कर सकते हैं। जब हम आज रात प्रार्थना करना शुरू करेंगे, तो हम इस बात पर ध्यान देंगे कि अगले तीन दिनों में परमेश्वर क्या करेगा।

हमारा रोना यह है कि परमेश्वर हमारी आत्मा को नया करने के लिए कुछ करेगा, हमें प्रेरित करेगा, और यीशु मसीह के नाम पर हमारे जीवन में पवित्र आत्मा की शक्ति की ताज़गी को फिर से लाएगा। अब, पहले गीत में, बाइबल कहती है, उनमें से छोटे ने अपने पिता से कहा, पिता, मुझे वह हिस्सा दे दो जो मेरे हिस्से में आता है, और उसने उन्हें अपनी जीविका बाँट दी। अब, एक बात

पर, मैं कहना चाहूँगा कि मैं इस छोटे बेटे का सम्मान करता हूँ क्योंकि वह मुझे ऐसा दिखता है जैसे कि वह प्रार्थना करना जानता हो।

ऐसा लगता है जैसे वह जानता है कि अपने पिता का बेटा होने का क्या मतलब है। ऐसा लगता है कि वह पहचानता है कि बेटा होने का मतलब है कि आप एक वारिस हैं, और पिता के पास जो कुछ है वह वास्तव में उसका है। ऐसा लगता है कि वह यह जानता है।

ऐसा लगता है कि उन्होंने यह पहचान लिया है कि, हाँ, पिता का पुत्र होने के नाते उन्हें पिता के पास जो कुछ है, उसका अधिकार है। यह अफ़सोस की बात है कि इतने सारे लोग ईसाई हैं, लेकिन वे वास्तव में कभी नहीं जान पाते कि वास्तव में, ईश्वर का बच्चा होने का क्या मतलब है, और अपने पिता के धन की वास्तविकता में चलना, और पिता द्वारा हमें दी गई महिमा की वास्तविकता में चलना। बाइबिल में कहा गया है, प्रिय, पिता ने हम पर कैसा प्रेम बरसाया है कि हम उसके पुत्र कहलाएँ, और हम वही हैं।

दुनिया हमें नहीं जानती क्योंकि वे उसे कभी नहीं जानते, लेकिन हम वास्तव में परमेश्वर की संतान हैं। बाइबल कहती है, और हम जानते हैं कि जब हम उसे देखेंगे, तो हम उसे वैसा ही देखेंगे जैसा वह है, और हम उसके जैसे होंगे। और वे सभी जो अपने आप में इस तरह की आशा रखते हैं, उन्हें क्या करना चाहिए? उन्हें खुद को शुद्ध करना चाहिए, जैसे वह शुद्ध है।

यही बात 1 यूहन्ना 3 में कही गई है। अब, बेटे के बारे में मैं जो पहली बात नोट कर रहा हूँ, वह यह है कि, हाँ, वह अपने पिता का बेटा होने का विशेषाधिकार जानता है। वह प्रार्थना करने के विशेषाधिकार को जानता है।

उसने कहा, मैं अपने पिता से कहूँगा, माल का जो हिस्सा मुझे मिले, वह मुझे दे दो। और उसने अपनी जीविका उन्हें बाँट दी। अब, मुझे नहीं लगता कि इस युवक की समस्या यहीं से शुरू हुई थी।

मुझे नहीं लगता कि समस्या यह थी कि पिता ने उसे वह सामान दे दिया जो उसका है। लेकिन मुझे लगता है कि उसकी समस्या श्लोक 13 में शुरू हुई, और मैं चाहता हूँ कि हम इसे चरण दर चरण देखें। बाइबल कहती है, और कुछ ही दिनों बाद।

मेरे हिसाब से, यह पहला मुद्दा है जिस पर मैं चाहता हूँ कि हम गौर करें। कुछ ही दिनों बाद। अब, कई बार हम भगवान से कुछ माँगने आते हैं।

कई बार हम प्रार्थना स्थल पर आते हैं और परमेश्वर जवाब देता है। परमेश्वर हमारे जीवन को आशीर्वाद देता है। परमेश्वर कुछ अद्भुत करता है।

लेकिन सवाल यह है कि हम स्वर्ग के आशीर्वाद में कब तक रहेंगे? हम कितने समय तक उस आशीर्वाद में बने रहेंगे जो परमेश्वर हमारे जीवन में देना चाहता है? आप जानते हैं, कई बार हमने परमेश्वर से किसी महान चीज़ के लिए रोया है। हममें से कुछ

लोगों ने स्वर्ग से दिव्य आशीर्वाद के लिए परमेश्वर से रोया है। हममें से कुछ लोगों ने परमेश्वर से कहा है, मैं चाहता हूँ कि आप मुझे पुनर्जीवित करें।

और ऐसा लगता है कि मानो भगवान की इच्छा थी, या भगवान ने आशीर्वाद भी दिया। लेकिन कुछ ही दिनों बाद, कुछ गलत हो जाता है। कुछ गलत हो जाता है।

कुछ गलत हो जाता है। कुछ ही दिनों बाद। तो पहली समस्या जो मैं इस आदमी के साथ देख रहा हूँ, वह है निरंतरता की कमी।

निरंतरता का अभाव। वह अपने पिता की उपस्थिति में जारी नहीं रहा। वह अपने पिता की उपस्थिति में जारी नहीं रहा।

कुछ ही दिनों बाद। आपने कितनी बार प्रभु से प्रार्थना की है, मैं चाहता हूँ कि आप मुझे प्रार्थना की आत्मा से भर दें। और हो सकता है कि भगवान ने आपकी प्रार्थना का उत्तर दे दिया हो, और आप पाते हैं कि आपकी आत्मा में उत्साह है।

लेकिन कुछ ही दिनों में सारी समस्याएँ दूर हो जाती हैं। परमेश्वर हमेशा आशीर्वाद देने के लिए तैयार रहता है। परमेश्वर हमेशा हमारे जीवन में अपनी अच्छाइयों को डालने के लिए तैयार रहता है।

लेकिन हम कब तक उसकी आशीष में रहेंगे? हम कब तक उसकी उपस्थिति में चलेंगे? हम कब तक अपने जीवन के लिए उसके उद्देश्य में आगे बढ़ेंगे? कुछ ही दिनों बाद। छोटे बेटे ने सभी को

इकट्ठा किया और दूर देश की यात्रा पर निकल पड़ा। अब, अगला शब्द जिसकी ओर मैं आकर्षित होने वाला था, वह शब्द है, उसने सभी को एक साथ इकट्ठा किया।

क्या आपको याद है कि परमेश्वर का वचन कहता है, प्रभु यीशु मसीह कहते हैं, तुम शाखाएँ हो। मैं ईश्वरीय हूँ। जैसे एक शाखा तब तक अपने आप फल नहीं दे सकती जब तक वह ईश्वरीय पर बनी न रहे।

क्या ऐसा भी नहीं है कि तुम मेरे साथ न रहो? जब तक तुम मेरे साथ नहीं रहोगे, तुम कोई फल नहीं ला सकते। आप देखिए, एक मसीही जीवन का पोषण पिता के साथ उसके संबंध का मामला है। अगर हम खुद को उससे अलग कर लेते हैं, तो हम कुछ नहीं कर सकते।

इससे कोई फर्क नहीं पड़ता कि परमेश्वर आपको क्या देना चाहता है, इससे कोई फर्क नहीं पड़ता कि परमेश्वर आपको कैसे आशीर्वाद देना चाहता है, इससे कोई फर्क नहीं पड़ता कि परमेश्वर किसी व्यक्ति का उपयोग कैसे करना चाहता है, हमारे जीवन के लिए उसके आशीर्वाद में बने रहने के लिए शर्त यह है कि हम बने रहें, बने रहें, उसके साथ जुड़े रहें, आप जानते हैं, लगातार। लेकिन मैंने देखा कि यह युवक कुछ कर रहा था। उसने जो कुछ भी पाया उसे इकट्ठा किया और वह खुद को स्रोत से अलग करने जा रहा था।

कितनी बार भगवान किसी व्यक्ति के जीवन पर अभिषेक करने आते हैं? और जैसे ही वह भगवान से आशीर्वाद प्राप्त करता है,

धीरे-धीरे, वह खुद को अलग करना शुरू कर देता है। वह खुद को अलग करना शुरू कर देता है। वह उस स्रोत को खोना शुरू कर देता है जिसके माध्यम से भगवान की कृपा उसके जीवन में प्रवाहित हुई है।

मुझे नहीं पता कि तुम मेरा अनुसरण कर रहे हो या नहीं। जब तुम खुद को मुझसे अलग कर लेते हो, तो तुम कुछ नहीं कर सकते। कई बार ऐसा होता है कि हमने आत्मा में शक्तिशाली रूप से शुरुआत की, और हो सकता है कि जैसे-जैसे परमेश्वर का वचन हमारे जीवन को आशीर्वाद देना शुरू कर रहा था, धीरे-धीरे, यह परमेश्वर का कार्य भी हो सकता है जो आपको आशीर्वाद के स्रोत से खुद को अलग कर रहा है।

यह व्यवसाय हो सकता है। कितनी बार ऐसा होता है कि भगवान ने आपको इतना आशीर्वाद दिया है कि आपके पास उनके साथ बिताने के लिए फिर से समय नहीं है। यह सिर्फ इसलिए हो सकता है क्योंकि पवित्र आत्मा ने, आप जानते हैं, आपके काम को समृद्ध किया है, आप जो कर रहे हैं उसे समृद्ध किया है, इसलिए आप भगवान के साथ अपने व्यक्तिगत संवाद को छोड़ना शुरू कर देते हैं।

आप संगति से चूकने लगे। आप उस बिंदु को भूलने लगे जिस पर परमेश्वर मनुष्य के जीवन में अनुग्रह और ताज़गी भरता है। एक बात जो हमेशा जागृति को विफल बनाती है, वह यह नहीं है कि परमेश्वर शक्ति नहीं देना चाहता, बल्कि जैसे ही परमेश्वर शक्ति

देता है, हम इतने व्यस्त हो जाते हैं और हम प्रभु के साथ अपने शांत रिश्ते को खत्म कर देते हैं।

और जब ऐसा होने लगता है, तो सच्चाई यह है कि हम भी मुख्य तने से अलग होने वाली शाखा की तरह सूख जाते हैं। यही होता है। जब कोई व्यक्ति ईश्वर से अपना रिश्ता तोड़ना शुरू करता है, तो वह सूखना शुरू कर देता है।

परमेश्वर की कृपा सूखने लगेगी। परमेश्वर का वचन सूखने लगेगा और वह अब ताज़ा नहीं रहेगा। वह अभी भी उपदेश दे सकता है, लेकिन उसके बारे में कुछ नया नहीं रह जाता।

उसने खुद को स्रोत से, सभी कृपा के स्रोत से अलग कर लिया है। अब, कुछ ही दिनों के बाद, इस युवक ने सभी को इकट्ठा किया और अपनी यात्रा पर निकल पड़ा। अब मैं सबसे पहले पूछता हूँ, क्या आप बहुत गहराई से सोच सकते हैं, क्योंकि हम यहाँ एक साथ ईश्वर का चेहरा तलाशने के लिए हैं।

हम यहाँ हैं कि इन कुछ दिनों के लिए हम प्रार्थना करेंगे और कहेंगे, हे परमेश्वर, ऐसा क्या है जो मेरे जीवन में आपकी कृपा को सूखा बना रहा है? ऐसा क्या है जो मुझे उस ताजगी को खोने पर मजबूर कर रहा है जिसे मैं पहले जानता था? ऐसा क्या है जो मेरे आध्यात्मिक जीवन में सूखापन ला रहा है? ऐसा क्या है जो प्रभु के आनंद को हटा रहा है और कम कर रहा है जो मुझे पहले मिला करता था? क्या आप कृपया जाँच करेंगे? क्या आप परमेश्वर द्वारा दी गई चीज़ों के साथ भी अधिक व्यस्त नहीं हो रहे हैं?

कभी-कभी यह हमारे बच्चे होंगे जो बहाना बन जाएँगे कि हम अब परमेश्वर के साथ समय बिताने में सक्षम नहीं हैं। कभी-कभी यह हमारा व्यवसाय होगा जो कारण बन जाएगा कि हम परमेश्वर के साथ अपनी संगति को तोड़ देंगे। कभी-कभी यह परमेश्वर द्वारा हमें दिए गए अवसर होंगे जो हमें अब इतना व्यस्त बना रहे हैं कि परमेश्वर कह रहे हैं, लेकिन तुम कहाँ हो? मैंने तुम्हें फिर से नहीं देखा।

मैंने तुम्हें फिर कभी नहीं देखा। तुम अब मेरे साथ समय नहीं बिताते। तुम अब बहुत व्यस्त हो।

मैं फिर से आपकी बात नहीं सुन रहा हूँ। आपको क्या हो रहा है? अब मैं देख रहा हूँ कि कुछ ही दिनों बाद वह सब लोग इकट्ठे हुए और अपनी यात्रा पर निकल पड़े। वह अपनी यात्रा पर निकल पड़े।

बाइबल में जिस तरह से इस आदमी का वर्णन किया गया है, वह मेरे लिए बहुत ही भयावह था। उसने अपनी यात्रा शुरू की। क्या आपको याद है कि बाइबल कहती है, जितने लोग परमेश्वर की आत्मा के द्वारा चलाए जाते हैं, वे परमेश्वर की संतान हैं।

क्योंकि यहाँ एक आदमी अपनी यात्रा पर निकल पड़ा है। वह अब ऐसी यात्रा पर निकल पड़ा है, जिसमें ईश्वर उसका मार्गदर्शन नहीं कर रहा था। वह अब ऐसे कामों में लग गया है, जिनके बारे में उसे कभी यकीन नहीं था कि ईश्वर उसके साथ है।

वह अब ऐसी परियोजनाओं की शुरुआत कर रहा है, जिनके लिए परमेश्वर ने उसे स्पष्ट रूप से नेतृत्व नहीं दिया था। वह अब नए

रिश्तों में प्रवेश कर रहा है, जिनके लिए परमेश्वर ने उसे स्पष्ट रूप से नेतृत्व नहीं दिया था। यह उसकी अपनी यात्रा थी।

मैं प्रार्थना करता हूँ कि आज शाम यहाँ हमारे बीच कोई ऐसा न हो जो पहले से ही अपनी यात्रा शुरू कर चुका हो। क्या कोई ऐसा है जिसने कुछ करना शुरू किया है और आप विश्वास के साथ यह नहीं कह सकते कि प्रभु ने मेरा मार्गदर्शन किया? आपने किसी चीज़ में प्रवेश करना शुरू किया और आप यह नहीं कह सकते कि मैंने इसके लिए प्रार्थना की और पवित्र आत्मा ने स्पष्ट रूप से कहा, इसे आगे बढ़ाओ। पहले आप प्रार्थना करते थे, आप तब तक कुछ नहीं करते जब तक कि परमेश्वर नहीं बोलता।

लेकिन अब आप अहंकारी बन रहे हैं। अब आप अपनी यात्रा खुद तय कर रहे हैं। कई युवा लोगों ने विवाह के लिए अपनी यात्रा खुद तय की।

उसने कहा, बहन, क्या तुमने प्रार्थना की है? नहीं, नहीं, नहीं, नहीं, प्लीज। यह प्रार्थना की बात नहीं है। मुझे वह आदमी पसंद है और मैं उसके साथ जाना चाहता हूँ।

और वह अपनी यात्रा पर निकल पड़ता है। और कुछ ही दिनों बाद, यात्रा के बहुत लंबे समय बाद, चीजें गलत होने लगती हैं। चीजें गलत दिशा में जाने लगती हैं क्योंकि सबसे पहले यह उसकी अपनी यात्रा थी।

जब हम इस बारे में बात करते हैं कि ऐसा क्यों होता है कि एक आदमी ठंडा पड़ जाता है, तो कई लोग अपनी यात्रा खुद ही कर रहे

होते हैं। कई लोग खुद ही आगे बढ़ रहे होते हैं। वे अब परमेश्वर की आत्मा के द्वारा आगे नहीं बढ़ रहे होते।

और जब कोई व्यक्ति ईश्वर की आत्मा के द्वारा निर्देशित होना बंद कर देता है, तो मैं यह कहना चाहूँगा कि ईश्वर उस यात्रा को प्रायोजित करने के लिए बाध्य नहीं है जिसकी शुरुआत उसने नहीं की है। जिस चीज़ में ईश्वर ने आपका मार्गदर्शन नहीं किया, आप उससे उसके लिए प्रावधान की उम्मीद नहीं कर सकते। और उसने अपनी यात्रा खुद की।

हमें यह जाँचने की ज़रूरत है। जीवन में आप जिस यात्रा पर जा रहे हैं, क्या वह ईश्वर द्वारा निर्धारित है? क्या आप कह पाएँगे कि हाँ, मैं जानता हूँ कि प्रभु ने मुझे इस मार्ग पर आगे बढ़ाया है। मैं जानता हूँ कि प्रभु ने ही मुझे इस मार्ग पर बुलाया है।

मैं जानता हूँ कि यह प्रभु ही है जो कहता है कि मुझे यह करना चाहिए। मैं जानता हूँ कि यह प्रभु ही है जो कहता है कि मुझे इसमें शामिल होना चाहिए। या आप सिर्फ़ अहंकार से कहते हैं, ठीक है, मुझे यह पसंद है और मैं इसे खुद करना चाहता हूँ और यही मेरे सभी सहकर्मी कर रहे हैं, तो क्यों नहीं? नहीं।

इस आदमी के लिए परेशानी की एक बात यह है कि उसने अपनी यात्रा खुद ही की। फिर बाइबल कहती है, दूर देश में। पहली बात जो मैं पढ़ रहा हूँ, वह यह है कि इसमें लिखा है कि उसने दूर देश में अपनी यात्रा की।

मेरे दिमाग में आप सोच रहे होंगे कि शायद वह उत्तरी आयरलैंड छोड़कर ऑस्ट्रेलिया चला गया। या फिर जब वह ओमान छोड़कर बहुत दूर दक्षिण अफ्रीका चला गया। वह बहुत दूर का देश है।

अब मैं कहना चाहता हूँ, यह दूर देश के बारे में मेरी अपनी थोड़ी सी समझ है। जहाँ भी यीशु आपके साथ नहीं जाता वह दूर देश है। कहीं भी, कहीं भी, भले ही वह आपके पिछवाड़े में ही क्यों न हो और आप पूरे विश्वास के साथ यह न कह सकें कि मुझे पता है कि यीशु इस मामले में मेरे साथ हैं, आप पहले से ही दूर देश में हैं।

कोई भी गतिविधि जो परमेश्वर के साथ आपके रिश्ते को खतरे में डालती है, वह पहले से ही एक दूर देश है। और कितनी बार हम एक दूर देश में चले जाते हैं, एक ऐसी जगह जहाँ पवित्र आत्मा की आवाज़ दब गई है। जहाँ परमेश्वर का वचन अब ज़ोर से और स्पष्ट रूप से सुनाई नहीं देता।

जहाँ आप साहसपूर्वक स्तुति का गीत नहीं गा सकते और आनन्दित नहीं हो सकते क्योंकि आप अब समझौते की भूमि में हैं। जहाँ कहीं भी परमेश्वर की कृपा आपका अनुसरण नहीं कर सकती वह एक दूर देश है। और बाइबिल ने कहा, उसने अपनी यात्रा एक दूर देश में की।

अगर आप मुझे यह बताने की इजाज़त दें, तो दूर का देश सिर्फ़ एक जगह नहीं हो सकता, यह एक व्यक्ति भी हो सकता है। कोई ऐसा व्यक्ति है जिससे जब भी आप मिलते हैं या उससे मिलते हैं, तो यह आपको आत्मा से अलग कर देता है। अगर आप उस व्यक्ति

के साथ एक घंटा भी बिताते हैं, तो आपके अंदर का इंसान कम हो जाता है।

आपके जीवन में ईश्वर की कृपा लुप्त हो जाती है। वह आदमी दूर देश का है। क्या कोई ऐसा दोस्त है जिससे जब भी आप मिलते हैं, तो आपके अंदर पवित्र आत्मा की आग कम हो जाती है? क्या कोई ऐसा व्यक्ति है जिससे जब आप या आप उससे बात करते हैं, तो कुछ ही समय में, आप अपने जीवन में ईश्वर की आत्मा और ईश्वर की कृपा का भार खो देते हैं।

आप थके हुए, खाली होकर वापस आते हैं। वह आदमी, वह रिश्ता दूर देश में है। ऐसी जगह जहाँ आप यीशु को नहीं ले जा सकते।

एक ऐसा रिश्ता जिसके द्वारा आप मसीह का सम्मान नहीं कर सकते। एक ऐसा व्यवसाय जिसके बारे में आप यह नहीं कह सकते कि यीशु इसमें मेरे साथ हैं, वह एक दूर देश है। और कई बार ऐसा होता है कि लोग इस दूर देश में जाने लगते हैं, फिर भी वे चर्च की संगति में भाग ले सकते हैं।

और हम नहीं जान पाएंगे कि उनके दिल पहले ही चले गए हैं। अब मैं यह कहना चाहता हूँ कि इस युवक के साथ क्या हुआ जब वह दूर देश में गया था। अब थोड़ा और प्रस्ताव है, अगर आप मेरे साथ दरवश 13 में अपनी बाइबल पढ़ रहे हैं।

वह एक दूर देश में गया और वहाँ, आप देखेंगे कि वहाँ एक छोटा सा शब्द है, वहाँ, और वहाँ। और आप सोच रहे होंगे कि इसका क्या मतलब है? और वहाँ, मुझे उम्मीद है कि आप जानते होंगे कि वहाँ

और यहाँ के बीच बहुत बड़ा अंतर है। वहाँ और यहाँ के बीच क्या अंतर है? वहाँ, यहाँ।

आप एक ही समय में वहाँ और यहाँ नहीं हो सकते। क्या मैं सही हूँ? आप सर्वव्यापी नहीं हैं। आप या तो वहाँ हैं या यहाँ।

जब तुम यहाँ होते हो, तो तुम वहाँ नहीं होते। जब तुम वहाँ होते हो, तो तुम यहाँ से अनुपस्थित होते हो। परमेश्वर के उद्देश्य में ऐसा ही है।

और यीशु ने चाहा कि तुम चाहो। तुम यह नहीं कह सकते कि मैं यहाँ हूँ और मैं वहाँ भी हूँ। उसने कहा, तुम्हें चुनना होगा।

या तो तुम गरम हो या फिर ठंडे। लेकिन अगर तुम न तो गरम हो और न ही ठंडे और न ही गुनगुने, तो मैं क्या करूँ? मैं तुम्हें अपने मुँह से उगल दूँगा। और वहाँ, यहाँ नहीं।

जैसा कि बाइबल कह रही थी, क्या आपने देखा कि क्या हुआ है? परिवार की वेदी पर उसका स्थान खाली हो गया है। परिवार की मेज़ पर उसका स्थान अब खाली है। परिवार की संगति में उसका स्थान अब खाली है।

वह अब यहाँ नहीं है, वह वहाँ है। क्या मैं आपसे मदद माँग सकता हूँ कि आप अपने बगल में किसी से पूछें, क्या आप यहाँ हैं या वहाँ हैं? क्या आप किसी से पूछ सकते हैं, क्या आप यहाँ हैं या वहाँ हैं? कई बार हमें लगता है कि आप यहाँ हैं, लेकिन आप वास्तव में वहाँ होते हैं। और आप जानते हैं कि कभी-कभी आप आश्चर्यचकित

होते हैं और कहते हैं, हमें नहीं पता था कि उसके साथ ऐसा कब हुआ।

ऐसा इसलिए है क्योंकि आप नहीं जानते कि वह अब यहाँ नहीं है, वह वहाँ है। कई बार ऐसा होता है कि कोई व्यक्ति शरीर से यहाँ होता है, लेकिन दिल से वहाँ होता है। क्या मैं सही हूँ? प्रभु यीशु मसीह ने कहा, ये लोग, वे अपने मुँह से मेरा आदर करते हैं, लेकिन उन्होंने उनके दिल के बारे में क्या कहा? उन्होंने कहा, लेकिन उनका दिल मुझसे बहुत दूर है।

मैंने कहा, ओह, यह कितना भयानक है कि किसी का मुँह गा रहा होगा, लेकिन उसका दिल चला गया होगा। और वहाँ, अब मैं चाहता हूँ कि आप देखें कि वहाँ क्या होता है। वहाँ क्या होता है? भगवान की उपस्थिति के बाहर।

वहाँ क्या होता है? परमेश्वर की उपस्थिति और आत्मा के बाहर। वहाँ क्या होता है? बाइबल कहती है, और वहाँ। अब आइए देखें कि वहाँ क्या होता है।

अब कुछ ऐसी चीजें हैं जो तब होती हैं जब कोई व्यक्ति उस जगह पर नहीं होता जहाँ उसे परमेश्वर के साथ होना चाहिए। कुछ छोटे-छोटे पैरामीटर हैं जिन्हें आप तब देखेंगे जब कोई व्यक्ति उस जगह पर नहीं होता जहाँ उसे परमेश्वर के साथ होना चाहिए। और पहली चीज़ जो हम वहाँ देखते हैं, बाइबल कहती है, और वहाँ, बर्बादी।

तो वास्तव में, ईश्वर की उपस्थिति के बाहर, आप केवल एक ही काम कर सकते हैं, वह है क्या? बरबाद करना। जब आप ईश्वर के साथ घर में नहीं होते, जब आप उनकी उपस्थिति में घर में नहीं होते, जब ईश्वर के साथ आपकी व्यक्तिगत संगति शीर्ष गियर पर नहीं होती, तो आपके साथ केवल यही हो रहा है कि आप बरबाद हो रहे हैं। ईश्वर के बाहर, वहाँ कोई भी ऐसा नहीं है जो प्रगति कर रहा हो।

वहाँ सिर्फ़ बर्बादी होती है। और वहाँ, उसने बर्बादी की। उसने भगवान की कृपा बर्बाद की।

उसने परमेश्वर के प्रावधान को बर्बाद कर दिया। उसने अपने जीवन पर परमेश्वर की बुद्धि को बर्बाद कर दिया। उसने अभिषेक को बर्बाद कर दिया।

उसने वह सब कुछ बर्बाद कर दिया जो भगवान उसे बना सकता था। उसने सब बर्बाद कर दिया। बस, उसने सब बर्बाद कर दिया।

अब किसी ऐसे व्यक्ति को देखें जो ईश्वर की उपस्थिति से दूर चला जाता है। सच तो यह है कि वे कुछ नहीं बनते। अगर आप कभी किसी ऐसे व्यक्ति को देखें जो ईश्वर की उपस्थिति से दूर चला जाता है, तो आप उसकी पत्नी को देखें।

वह अपनी पत्नी को बर्बाद कर रहा है। वह अपने बच्चों को बर्बाद कर रहा है। वह अपने साल बर्बाद कर रहा है।

और वह अपने अवसरों को बर्बाद कर रहा है। अगर आप किसी ऐसे आदमी को देखें जो वहाँ घूमता है, तो उसे अच्छी तरह से देखें। वह जो दिखावा कर रहा है, उसके सतहीपन के अलावा, जब आप उसके जीवन में गहराई से उतरते हैं, तो आपको एक ऐसा आदमी दिखाई देता है जो बर्बाद हो रहा है? वह हमेशा वहाँ बर्बाद ही रहता है।

केवल यहीं पर परमेश्वर मनुष्य का निर्माण करता है। केवल उसकी उपस्थिति में ही आप विकसित होते हैं। केवल उसकी उपस्थिति में ही परमेश्वर की महिमा आपके जीवन में अधिक से अधिक प्रकट होती है।

लेकिन जब आप उसके सामने से चले जाते हैं, तो सिर्फ़ बर्बादी होती है। और वहाँ, उसने अपनी संपत्ति को उच्छृंखल जीवन में बर्बाद कर दिया। अब उच्छृंखल जीवन का क्या मतलब है? लापरवाह, बेलगाम, अनियंत्रित और बेकाबू जीवन।

उपद्रवी। उतार-चढ़ाव से भरी ज़िंदगी। एक ऐसी ज़िंदगी जिसमें कोई फोकस नहीं है।

एक ऐसा जीवन जिसकी अब कोई स्पष्ट दिशा नहीं है। एक ऐसा जीवन जो बहक रहा है। आज वह यहाँ है।

कल वह वहाँ होगा। आज वह यह कर रहा है। कल वह वह कर रहा है।

आज उसने यह शुरू किया है। कल वह कोई और काम शुरू कर देगा। अनियंत्रित, असमन्वित, असम्बद्ध जीवन।

जब कोई व्यक्ति उद्धारकर्ता के साथ चलना छोड़ देता है, तो वह केवल नष्ट हो सकता है। जब कोई व्यक्ति ईश्वर के साथ अपना संबंध खो देता है, तो वह केवल असंयोजित हो सकता है। वह अपनी दृष्टि खो देता है।

वह दिशा खो देता है। उसे नहीं पता कि वह फिर कहाँ जा रहा है। आज रात जब हम प्रार्थना करेंगे, तो हमें यह पूछने की ज़रूरत है कि क्या मैं अभी भी यहाँ हूँ? या मैं वहाँ हूँ? ये ऐसे सवाल हैं जिनका, ईमानदारी से कहें तो, सिर्फ़ आप ही जवाब दे सकते हैं।

हमारे पादरी अच्छे हैं, लेकिन वे हमारे लिए इसका उत्तर नहीं दे सकते। भाई-बहन महान हैं, लेकिन वे स्पष्ट उत्तर नहीं दे पाएँगे। क्या आप अभी भी यहाँ हैं? या आपने सामान इकट्ठा कर लिया है और आप पहले से ही यात्रा पर हैं? क्या आप पहले से ही दूर देश के किनारे पर हैं? क्या आप अपने मार्गदर्शक के बिना यात्रा करना शुरू कर रहे हैं? और उसने अपनी संपत्ति को उच्छृंखल जीवन जीने में बर्बाद कर दिया।

फिर वहाँ क्या होता है? अगला शब्द जो मैं वहाँ नोट करना चाहता था, जब उसने खर्च कर दिया, जब उसने सब कुछ खर्च कर दिया, तो उस जगह पर आप सिर्फ़ बर्बाद नहीं होते, आप खर्च हो जाते हैं। आप खर्च हो जाते हैं। आप जल जाते हैं।

आप थक जाते हैं। जो आपको तरोताजा रखता है, वह जल जाता है। जो आपको खुशी से भर देता है, आप जानते हैं कि हम कहते हैं कि प्रभु का आनंद मेरी ताकत है, है न? जब आप किसी ऐसे व्यक्ति को देखते हैं जो प्रभु के आनंद से भरा हुआ है, तो वह हर दिन तरोताजा होता है।

लेकिन जब वह पहले ही दूर देश में जाना शुरू कर देता है, तो आप देखते हैं कि वह खर्च हो रहा है। और आप जानते हैं कि, जहाँ तक मेरा सवाल है, खर्च होने का मतलब है बिना फिर से भरे हुए खत्म हो जाना। आप प्रतिस्थापन के बिना निकाल लेते हैं।

आप बिना बदले पैसे निकाल लेते हैं। और जब आप खर्च कर रहे हैं, लेकिन कुछ भी नहीं आ रहा है, तो आप जल्द ही खर्च हो जाएँगे। और यह कितना भयानक है कि प्रचारक भी खर्च हो जाते हैं।

यहाँ तक कि प्रचारक भी, वे इसलिए खर्च हो रहे हैं क्योंकि वे केवल अपना जीवन खर्च कर रहे हैं, उनके पास कोई विकल्प नहीं है। वे हमेशा जा रहे हैं, उनके पास ताज़गी की कोई जगह नहीं है। वे हमेशा चीज़ों का उपयोग कर रहे हैं, वे अब कुछ प्राप्त नहीं कर रहे हैं।

वे खर्च हो जाते हैं। वे खर्च नहीं होंगे। जब कोई आदमी खर्च हो जाता है, तो उसके पास फिर कुछ भी नया नहीं बचता।

अगर मैं अभी अफ्रीका में होता, तो मैं आपके साथ साझा कर रहा होता कि जल जाने का क्या मतलब है, जली हुई राख की तरह। आप जानते हैं कि एक बार जब आप लकड़ी जला देते हैं और वह

राख बन जाती है, तो आप उसे फिर से आग बनाने के लिए इस्तेमाल नहीं कर सकते। वास्तव में, अगर आप आग को महान अधिकारी बनाते हैं, तो आग बुझाने के लिए उनका महत्वपूर्ण हथियार जली हुई राख ही होती है।

लकड़ी जो पहले ही खर्च हो चुकी है, अगर आप उसे वापस अपने चिमनी में ले आते हैं, तो यह आपकी ताज़ा आग को बुझा देगी। और यह बहुत भयानक है कि एक आदमी तब भी खर्च हो जाता है जब वह अभी भी जीवित है। एक आदमी तब खर्च हो जाता है जब उसके पास अभी भी खर्च करने के लिए कई साल हैं।

लेकिन यही होता है जब मनुष्य परमेश्वर के साथ अपना रिश्ता तोड़ देता है। वह थक जाता है। वह फिर से भर लिए बिना ही थक जाता है।

वहाँ सब कुछ खर्च हो गया है। फिर वहाँ का चरित्र क्या है? क्योंकि हमें यह कहने में सक्षम होना चाहिए, ठीक है, क्या मैं वहाँ हूँ और क्या मैं यहाँ हूँ? और ये छोटी-छोटी बातें हैं जो आपको इस रात एक व्यक्ति के रूप में यह जानने में मदद करेंगी कि आपको अपना विश्वास कहाँ रखना है और अपनी प्रार्थना का ध्यान कहाँ रखना है। जब आप सब कुछ खर्च कर देते हैं, तो बाइबल कहती है, उस देश में भयंकर अकाल पड़ा।

वहाँ भयंकर अकाल पड़ा है, कहाँ? उस देश में। परमेश्वर के साथ कहाँ? नहीं। मेरा परमेश्वर अपने धन और महिमा के अनुसार मसीह यीशु में तुम्हारी ज़रूरतें पूरी करेगा।

लेकिन वहाँ अकाल है। परमेश्वर के वचन का अकाल। जब कोई व्यक्ति वहाँ से बाहर निकलने लगता है, तो आप बाइबल खोलते हैं, बाइबल अब आपसे बात नहीं करती।

यह एक न्यूज़लैटर की तरह बन जाता है। देखिए हम कितने शानदार ढंग से गीत गा रहे हैं। और हममें से कुछ लोगों के लिए यह जानना कि परमेश्वर के साथ हमारे सफ़र की शुरुआत में वे गीत कितने रोमांचक थे।

जब आप इसे पढ़ रहे हैं और इसे गा रहे हैं, तो आपकी आत्मा में कुछ उबल रहा है। लेकिन अब, वे खोखले शब्द बन गए हैं। वे अब आपको ताज़गी नहीं देते।

क्या इसका मतलब यह है कि आप पहले से ही वहाँ हैं? बाइबल कहती है, वहाँ एक भयंकर अकाल पड़ा। अकाल शब्द का अर्थ है अभाव। ताज़गी की कमी।

पानी की कमी. भोजन की कमी. प्रावधान की कमी.

क्या मैं पूछ सकता हूँ, क्या आप किसी छोटे से अकाल का अनुभव करने लगे हैं? क्या आप अपनी आत्मा में परमेश्वर के वचन के अकाल का अनुभव कर रहे हैं? क्या आप अकाल, आनन्द की आत्मा की कमी का अनुभव कर रहे हैं? क्या आपका मसीही जीवन अब और रोमांचक नहीं रहा? क्या आप अपने विश्वास से थक गए हैं? वहाँ, एक भयंकर अकाल था। और यह अभाव में शुरू हुआ। जैसा कि मैं इसे देख रहा हूँ, यह प्रार्थना की कमी में शुरू हुआ।

यह कितना भयानक है कि आप प्रार्थना स्थल पर आए और प्रार्थना नहीं कर पाए। आपका मन बस हर जगह भटक रहा है। यह अभाव में रहने लगा।

वह परमेश्वर के वचन का अध्ययन करने के लिए आया था। किताब बंद हो गई है। वह पढ़ रहा है, उसे कुछ नहीं मिल रहा है, इसलिए वह अब अखबार पढ़ना पसंद करता है।

अब जब हमारे पास इंटरनेट है और हमारे पास ये सभी नई नई चीजें हैं, तो वह अपने घंटों को, आप जानते हैं, सभी प्रकार की चीजों को देखने में बिता सकता है क्योंकि आत्मा के अंदर सूखापन है। फिर इस युवक की परेशानी क्या थी? बाइबिल ने कहा, और यह श्लोक 15 है, और यह अधिक गंभीर है, और वह गया और उस देश के एक नागरिक के साथ जुड़ गया। मुझे नहीं पता कि क्या आप वहां सभी जोर को देख सकते हैं, कि, वहाँ यहाँ के विपरीत है, वह इसके विपरीत है।

क्या अब तुम मेरी बात समझ रहे हो? और वह जाकर उस देश के एक नागरिक के साथ जुड़ गया। असमान जूआ। बाइबल कहती है, अविश्वासियों के साथ असमान जूए में मत जुतो।

लेकिन अब जब वह अपने पिता से अपना रिश्ता खो चुका है, तो वह उस देश के नागरिक के पास चला गया है। हम जानते हैं, हम जानते हैं कि हम इस दुनिया के नागरिक नहीं हैं। हम जानते हैं कि हमारी नागरिकता स्वर्ग में है।

हम जानते हैं कि हम इसी देश के हैं। लेकिन दुर्भाग्य से आजकल आपके सबसे करीबी दोस्त कौन हैं? आपके सबसे करीबी विश्वासपात्र कौन हैं? आप किसके साथ काम करते हैं? आप किससे संबंध रखते हैं? उस देश के नागरिक। जिनके पास आपको प्रोत्साहित करने के लिए कुछ नहीं है।

वे लोग जो आपकी आत्मा को किसी भी तरह की उन्नति नहीं देते। वे लोग जिनके बारे में वे सोचते हैं, वे उन बातों के विपरीत हैं जिनके द्वारा परमेश्वर आपके जीवन का निर्माण कर रहा है। और वह गया और उस देश के एक नागरिक के साथ जुड़ गया।

वह असमान बंधन में बंध गया। वह एक सांसारिक व्यक्ति बन गया। वह अपनी पहचान खोने लगा था।

वह अपनी प्रकृति की विशिष्टता को त्यागने लगा था। वह अपनी नागरिकता को भूलने की कोशिश कर रहा था। वह उस देश का नागरिक बन गया।

हमारे देश में चर्च को आज जिस स्थिति में लाया गया है, उसमें से एक समस्या यह है कि चर्च ने खुद को उस देश के नागरिकों के साथ जोड़ लिया है। सांसारिकता आ गई है और चर्च में घुलमिल गई है। और इसलिए अब आप देखते हैं कि बहुत से लोग खुद को ईसाई कहते हैं और आप उनके और उन लोगों के बीच अंतर नहीं देख सकते हैं जिन्होंने कभी प्रभु का भय नहीं माना।

उनकी भाषा एक जैसी है। जब आप उन्हें गाते और नाचते देखते हैं, तो आप अंतर नहीं जान पाते। युवा लोग, आप सोचते हैं, ओह, यह तो ईसाई होना चाहिए।

लेकिन ईसाई जीवन के सभी मूल्य अब उनके खजाने नहीं रहे। वे उस देश के नागरिक से जुड़ गए हैं। जब तक पुनर्स्थापना नहीं होगी, चर्च बच नहीं सकता।

और हम जिस चीज़ के लिए रो रहे हैं, उसका एक हिस्सा यह है कि हे परमेश्वर, अपने चर्च को बहाल करो। मेरे दिल को आपके साथ अटूट संगति के स्थान पर बहाल करो। मुझे वापस उस जगह ले चलो जहाँ मैं पहली बार तुमसे मिला था।

मुझे मेरे पहले प्यार की ओर वापस ले चलो। मुझे उस उत्साह की ओर वापस ले चलो जो मुझे तब हुआ था जब मैं पहली बार प्रभु से मिला था। उन्होंने खुद को उस देश के नागरिक के साथ जोड़ लिया।

और देखिए उस व्यक्ति ने क्या किया। और उसने उसे अपने खेतों में सूअर चराने के लिए भेज दिया। मुझे यह बताते हुए बहुत दुख होता है कि अगर कोई व्यक्ति ईश्वर की सेवा नहीं करेगा, तो वह ईश्वर से कम किसी और की सेवा करेगा।

अगर कोई व्यक्ति परमेश्वर के प्रति समर्पित नहीं होगा, तो कोई और चीज़ उसके समर्पण को छीन लेगी। अगर कोई व्यक्ति परमेश्वर के प्रति समर्पित नहीं होगा, तो कोई और चीज़ उसके

जीवन पर कब्ज़ा कर लेगी। बाइबल कहती है, उसने उसे सूअर चराने के लिए अपने खेतों में भेजा।

बहुत गंदा काम है। बहुत ही अपमानजनक काम है। पाप किसी भी इंसान के साथ ऐसा ही करता है।

जब तुम अपने पिता की संगति छोड़ोगे, जब तुम उद्धारकर्ता की गोद से निकलोगे, तो तुम सिर्फ़ एक वस्तु बन जाओगे जिसे शैतान और इस दुनिया का राजकुमार इधर-उधर फेंकते रहेंगे जैसे कि तुम्हारे लिए फिर से परमेश्वर में कोई जगह नहीं है। और, ओह, बाइबिल ने कहा, और वह अपना पेट उस बैल से भरना चाहता था जिसे सूअर खाते थे। किसी भी इंसान ने उसे नहीं दिया।

क्या मैं यह समझा सकता हूँ कि शैतान दुष्ट है? शैतान के पास किसी भी व्यक्ति के लिए कोई अच्छी योजना नहीं है। अगर शैतान आपको लुभाता है, तो इसका मतलब यह नहीं है कि उसके पास आपके लिए कोई अच्छी योजना है। इसका मतलब यह नहीं है कि वह आपको कुछ अच्छा देने जा रहा है।

एक बार तुम उसके काम में लग गए, एक बार तुम उसके जाल में फंस गए, तो वह तुम्हें साधारण बैल भी नहीं देगा, जो पोषक तत्वों के बिना बहुत बेकार है। और यहीं से इस युवक की मुसीबत शुरू हुई। वह अपना पेट साधारण बैल से भरना चाहता था, जिसे सूअर खा लेते हैं, लेकिन कोई उसे नहीं देता।

कोई भी उसे नहीं देगा। मैं यह कहना चाहता हूँ कि दुनिया में संतुष्टि नहीं है। दुनिया अब आपके लिए आकर्षक हो सकती है,

लेकिन सच्चाई यह है कि अगर आप उनके जाल में फंस गए, तो उनके पास आपके जीवन के लिए कोई योजना नहीं है।

सिर्फ़ नाश करने के लिए। उसने कहा, अगर चोर आए तो क्या करे? चोरी करने, मारने और नाश करने के लिए। सिर्फ़ यीशु ही कहते हैं, मैं आया हूँ, ताकि वे जीवन पाएँ और पाएँ, कैसे? बहुत ज़्यादा बहुतायत से।

बाहर, साधारण बैल भी, वह उसे नहीं देगा। साधारण बैल भी, वह उसे नहीं देगा। शैतान कितना दुष्ट हो सकता है।

वह एक स्वामी के रूप में कितना दुष्ट हो सकता है। और बाइबल कहती है, यह उस युवक के लिए पुनरुद्धार की शुरुआत है, जब वह अपने आप में आया। आप देखिए, जैसा कि मैंने उस श्लोक 12, श्लोक 13 से पढ़ना शुरू किया, आप देखेंगे कि मैं शब्द का उपयोग कर रहा हूँ, वह गया, वह गया, वह गया, वह गया, वह गया, वह एक यात्रा पर निकल पड़ा, वह अपने पिता से दूर चला गया।

लेकिन देखिए, यह मोड़ दिशा बदलने से शुरू हुआ। क्या आपने पद 17 में दिशा का परिवर्तन देखा? और जब वह अपने आप में आया। जब भी कोई जागृति आती है, तो वापसी भी होनी चाहिए।

और वह अपने होश में आया। वह अपने होश में आया। वह अपने होश में आया।

वह फिर सोचने लगा। उसने कहा, मेरे पिता के कितने नौकरों ने बहुत ज़्यादा और ज़्यादा पैदावार की है, और मैं यहाँ भूख से मर रहा हूँ। मेरे पिता के कितने नौकरों ने बहुत ज़्यादा पैदावार की है, इसलिए तुम वहाँ और यहाँ के बीच का अंतर देख सकते हो।

वहाँ, अकाल है। वहाँ, अभाव है। वहाँ, बर्बादी है।

वहाँ तो साधारण बैल भी नहीं खाएगा। लेकिन यहाँ तो तुम मज़दूर भी हो, उसने कहा, मेरे पिता के कितने मज़दूरों ने काफ़ी पैदावार की है। तो यहाँ तो काफ़ी है।

वहाँ तो तंगी है, यहाँ तो बहुत है, वहाँ तो खाने को भी कुछ नहीं है।

यहाँ, बहुतायत है। वहाँ, भूख है। यहाँ, आनंद है।

वहाँ कोई ध्यान नहीं है। यहाँ दिशा है। वहाँ लापरवाही है।

यहाँ शांति है, वहाँ अशांति है, यहाँ स्वीकृति है।

वहाँ, अस्वीकृति थी। वह साधारण सूअरों को भी गले लगाना चाहता था ताकि उनके बैल खा सके, एक इंसान सूअरों के साथ खाना साझा कर सके। फिर भी वे उसे धक्का देते और कहते, वहाँ से चले जाओ।

लेकिन यहाँ, स्वीकृति है। फिर से, आज रात जब हम प्रार्थना करते हैं, मैं आपसे यह देखने के लिए कहना चाहता हूँ। बाइबल कहती है, उसने खुद से कहा, और मैं यहाँ भूख से मर जाऊँगा, मैं उठकर अपने पिता के पास जाऊँगा।

यह उसके लिए पुनरुद्धार की शुरुआत है, है न? मैं उठूंगा और अपने पिता के पास जाऊंगा और उनसे कहूंगा, पिता, मैंने स्वर्ग और आपके सामने पाप किया है। मेरे लिए यह ध्यान रखना बहुत महत्वपूर्ण है कि जब हम प्रार्थना में परमेश्वर के पास जाते हैं। पहली बात यह है कि उसने खुद से कहा, मैं उठूंगा।

क्षमा करें। पुनरुत्थान कोई इच्छाधारी सोच नहीं है। यह आपकी इच्छाशक्ति को सक्रिय करेगा।

आप यह नहीं कहते कि, मुझे उम्मीद है, मुझे उम्मीद है कि चीजें बदलेंगी। जब तक आप नहीं उठेंगे, तब तक चीजें नहीं बदलेंगी। कहानी को बदलने के लिए निर्णय लेना पड़ता है।

उस आदमी ने कहा, मैं उठूंगा और अपने पिता के पास जाऊंगा। कई बार जब परमेश्वर आपके हृदय को पुनर्स्थापित करने के लिए चीरना शुरू करता है, तो कई बार आप सही जगह पर नहीं जाते हैं। कई बार आप सीधे उसके पास नहीं जाते जो आपकी मदद करने में सक्षम है।

आप जानते हैं कि कई बार आपको लगता है कि आपको अपने जीवन में बदलाव की ज़रूरत है। सीधे अपने पिता के पास जाने के बजाय, आप किसी दोस्त के पास जाते हैं और पूछते हैं, अब आप कैसे हैं? अब आप कैसे हैं? अब मैं कहता हूँ, अच्छा, ऐसा लगता है कि हम सब ठीक हैं। कहो, अच्छा, तुम खुद क्यों चिंता कर रहे हो? तुम और मैं, हम सब एक साथ हैं।

तो आप निश्चिंत हो जाइए। कहिए, ठीक है, मैं अकेला नहीं हूँ। यहाँ तक कि यह दूसरा भाई भी अब संगति में नहीं जा रहा है, इसलिए मैं ठीक हूँ।

नहीं। जब तक हम अपने पिता के पास नहीं जाते, तब तक किसी के हाथ में कोई पुनरुद्धार नहीं है। जब तक आप स्रोत पर वापस नहीं लौटते, तब तक कहीं भी कोई पुनरुद्धार नहीं है।

जब तक आप उस जगह पर नहीं पहुंच जाते, जहां से आप चूक गए थे, तब तक आपके जीवन को आकार नहीं दिया जा सकता। मैं अपने पिता के पास जाऊंगा। और मुझे खुशी है कि उन्होंने कहा, और मैं उनसे कहूंगा, जब प्रार्थना का समय हो, तो उनसे बात करें।

चलो उससे बात करते हैं। चलो अपने पिता से बात करते हैं। मेरे पिता, मुझे आपकी ज़रूरत है।

मेरे पिता, मुझे आपकी ज़रूरत है कि आप मुझे फिर से पाएँ। मेरे पिता, आप जानते हैं कि मैं आपके साथ क्या हुआ करता था। आप जानते हैं कि पहले मैं कैसे सपने देखा करता था।

आप जानते हैं कि मैं पहले कैसे प्रार्थना करता था। आप जानते हैं कि पहले आपकी आत्मा मेरे अंदर कैसे काम करती थी। आप जानते हैं कि पहले परमेश्वर का वचन मुझ पर कितना शक्तिशाली हुआ करता था।

हे प्रभु, मैंने वे सारी चीज़ें खो दी हैं। मैं वापस आ रहा हूँ। मैं अपने पिता से कहूँगा, हे पिता, मैंने स्वर्ग और आपके विरुद्ध पाप किया है।

वहाँ निश्चित रूप से स्वीकारोक्ति थी। वहाँ निश्चित रूप से पश्चाताप था। वहाँ निश्चित रूप से पिता से बात की गई थी।

मेरे पिता, मैंने आपके सामने पाप किया है। मैंने स्वर्ग और आपके सामने पाप किया है। और मुझे खुशी है कि यह युवक जानता है कि उसने किसी और को नहीं बल्कि भगवान को नाराज़ किया है।

उसने अपने पिता से बात की। इस रात जब हम प्रार्थना करते हैं, अगर हम वास्तव में भगवान से पेंटेकोस्टल शबात भेजने के लिए कह रहे हैं, तो क्या हमें अपने पिता के पास वापस नहीं जाना चाहिए? क्या हमें व्यक्तिगत रूप से यह नहीं कहना चाहिए, भगवान, मैं जानता हूँ कि मेरे बारे में कुछ बदल गया है। मैं जानता हूँ कि मेरे बारे में कुछ छूट गया है।

मैं जानता हूँ कि मुझे आपके स्पर्श की ज़रूरत है। मैं जानता हूँ कि मुझे ऐसी मदद की ज़रूरत है जो सिर्फ़ ऊपर से ही आती है। और उस युवक ने कबूल किया, मैं अब आपका बेटा कहलाने के लायक नहीं रहा।

मुझे भी अपने मज़दूरों में से एक बना लो। यह उसकी अपनी सोच थी। उसे लगा कि पिता उसे माफ़ नहीं करेंगे।

लेकिन मैं तुम्हें यह बताना चाहता हूँ कि तुम कितनी दूर चले गए हो, इससे कोई फर्क नहीं पड़ता। पिता तुम्हारा इंतज़ार कर रहे हैं। इससे कोई फर्क नहीं पड़ता कि तुमने कितनी चीज़ें बर्बाद की हैं।

पिता इंतज़ार कर रहा है। चाहे आपने कितना भी पैसा जमा कर रखा हो और चीज़ें बिखरी हुई हों, पिता इंतज़ार कर रहा है। बाइबल कहती है कि जैसे ही वह युवक उठा, वह उठा और अपने पिता के पास आया।

मुझे खुशी है कि वह अपने पिता के पास आया। वह दोस्तों के पास नहीं आया। वह लोगों के पास नहीं आया।

वह अपने पिता के पास आया। वह उस जगह आया जहाँ उसे मदद मिल सकती थी। वह अपने पिता के पास आया।

लेकिन जब वह अभी भी बहुत दूर था, तो मुझे यहीं पर निष्कर्ष निकालना चाहिए। पवित्रता से बहुत दूर, उसके पिता ने उसे देखा। आप में से कुछ लोग सोच रहे हैं कि जब तक आप खुद को वहाँ साफ नहीं कर लेते, तब तक भगवान आपको स्वीकार नहीं करेंगे।

मैं आपको बताना चाहता हूँ कि वहाँ बाहर ऐसी कोई चीज़ नहीं है जिससे आप खुद को साफ़ कर सकें। क्या कोई व्यक्ति जो कीचड़ में हो, वह कीचड़ में खुद को साफ़ कर सकता है? क्या यह संभव है? अगर कोई व्यक्ति गड्ढे में डूब गया है, तो क्या हम उसे वहाँ कहते हैं कि जब तुम गड्ढे में हो, तो वहाँ अपने कपड़े बदल लो? क्या हम यही करते हैं? हम सबसे पहले क्या करते हैं? हम उसे बाहर

निकालते हैं। हम डूबते हुए व्यक्ति को बाहर निकालते हैं और फिर हम उसे साफ़ करते हैं और उसे बदलने का मौक़ा देते हैं।

मैं यह कहना चाहता हूँ कि इस धोखे में मत रहो कि मैं वहाँ रह सकता हूँ। जब मैं अपना जीवन बदल लूँगा, तो वापस आ जाऊँगा। वहाँ अपना जीवन बदलने के लिए तुम्हें कुछ नहीं करना है।

वहाँ कोई संसाधन नहीं है जिसका उपयोग करके आप अपना कार्यक्षेत्र बदल सकें। आपको वैसे ही आना होगा जैसे आप हैं। आपको अपनी गंदगी में भी आना होगा।

तुम्हें अपनी कमज़ोरी में आना चाहिए। अपने जहाज़ के साथ आओ। पिता ही वह है जो लोगों को बदलता है।

पिता ही वह है जो हमारी परिस्थिति को बदलता है। वहाँ रोते हुए मत रहो और कहो, अच्छा, काश मैं खुद को बदल पाता। तुम्हारे पास खुद को बदलने की क्षमता नहीं है।

लेकिन अगर आप पिता के पास आते हैं, जबकि वह बहुत दूर था, जबकि वह अभी तक नहीं आया था, आप जानते हैं, सही है, वह अभी भी बदबूदार था, पिता ने उसे देखा। और पिता भाग गया। और पिता उसकी गर्दन पर गिर गया।

और पिता को उस पर दया आई। और पिता ने उसे चूमा। पिता उसे वापस लाने के लिए उत्सुक था।

मैं आज रात भी परमेश्वर के हृदय में उत्सुकता देख रहा हूँ। मैं उत्सुकता देख रहा हूँ। वह हम में से किसी की निंदा करने के लिए यहाँ खड़ा नहीं है।

भगवान यहाँ खड़े होकर यह नहीं कह रहे हैं कि, अरे, चले जाओ, तुम चूक गए। भगवान ऐसा नहीं कह रहे हैं। भगवान कह रहे हैं, घर आ जाओ।

घर आओ। मुझे पता है कि तुम इसे मिस कर गए, लेकिन घर वापस आओ। मैं तुम्हारा इंतज़ार कर रहा हूँ।

मैं तुम्हारा इंतज़ार कर रहा हूँ। और क्या तुम जानते हो कि मुझे क्या छू गया? जैसे ही वह आया, पिता ने नौकरों से कहा, सबसे बढ़िया वस्त्र लाओ। उसे पहनाओ।

मुझे आश्चर्य हुआ कि मैंने सोचा था कि उसने सब कुछ इकट्ठा कर लिया है। लेकिन सच्चाई यह है कि चाहे आपने जो भी सोचा हो कि आपने बर्बाद कर दिया है, परमेश्वर में उससे कहीं ज़्यादा है। चाहे आपने जो भी सोचा हो कि आपने खो दिया है, अभी भी बहुत कुछ है जिसे आपको देखना बाकी है।

सबसे बढ़िया वस्त्र अभी भी अलमारी में है। चाहे जो भी खराब हो गया हो, भले ही शैतान ने सोचा हो कि उसने आपका जीवन बर्बाद कर दिया है, फिर भी कुछ बेहतर है जो परमेश्वर अभी भी उन लोगों के लिए बचाकर रख रहा है जो वापस आएंगे। क्या आपने सोचा था कि आपने अभिषेक खो दिया है और आप इसे वापस नहीं पा सकते? परमेश्वर में और भी बहुत कुछ है।

जब किसी चीज़ ने उसका जीवन बर्बाद कर दिया, क्या आपको याद है? किसी चीज़ ने उसका अभिषेक बर्बाद कर दिया और वह बर्बाद हो गया। लेकिन जब वह परमेश्वर की ओर मुड़ा, जब उसने कहा, पिता, यह एक बार और, क्या आप जानते हैं कि बाइबल कहती है, उसने जिन पलिश्तियों को मारा, वह एक दिन उन सभी से कहीं ज़्यादा था जिन्हें उसने 20 सालों में मारा था। क्या कोई यहाँ बैठा सोच रहा है, मैंने अपना अवसर खो दिया है।

मैं अब वापस नहीं जा सकता। शायद मैं चूक गया हूँ। शायद तुम्हें उपदेशक बनना था और तुम चूक गए और तुम सोच रहे हो, क्या भगवान मुझे फिर से स्वीकार कर सकते हैं? मैं तुमसे कहता हूँ, बाबा के वस्त्र में तुम्हारे लिए अभी भी सबसे अच्छा वस्त्र है।

अभी भी एक अभिषेक बाकी है जिसे पाना अभी बाकी है। बस वापस आ जाओ। अभी भी सबसे अच्छा वस्त्र बाकी है।

वहाँ अभी भी अंगूठी है, जूते हैं और बछड़ा है। और पिता ने कहा, इसे यहाँ लाओ। और उन्होंने उसे नहलाया, उसके कपड़े बदले, उसके जूते बदले, उसे अंगूठी पहनाई और वहाँ मौज-मस्ती हुई, संगीत हुआ, नृत्य हुआ।

आज रात, जब हम परमेश्वर से बात करेंगे, तो हम दूसरे बेटे के बारे में बात नहीं करेंगे। हम उस बेटे के बारे में बात करेंगे, अगर प्रभु हमें आगे बढ़ने में मदद करें, क्योंकि हम उन लोगों की स्थिति को देखते हैं जो पीछे नहीं हटे, लेकिन वे पीछे हट रहे हैं। क्या आप मेरी बात समझ रहे हैं? वे घर में हैं, लेकिन वे घर में नहीं हैं।

वे संगति में हर जगह हैं, लेकिन वे वहाँ नहीं हैं। यह भी, हमने उसे बाहर रहते देखा। वह पिता के आनन्द के साथ आनन्दित नहीं हो सका।

वह बहाली को लेकर उत्साहित नहीं था। वह अपने भाई की बहाली की उम्मीद नहीं कर रहा था। लेकिन आज रात, आइए हम यहीं रुकें और प्रार्थना करें।

आइए हम परमेश्वर से कहें, हे प्रभु, मुझे पुनर्जीवित करने के लिए आपको जो भी करना है, मुझे ही सबसे पहले पुनरुद्धार की आवश्यकता है। यह संभव है कि पवित्र आत्मा ने धीरे से कहा हो कि कोई दूर देश में है। कोई व्यक्ति संगति के स्थान से दूर चला गया है।

किसी ने एक यात्रा शुरू की है। किसी ने संवाद की उस रेखा को तोड़ दिया है जो आपके भीतर के मनुष्य में ताज़गी लाती थी, और आप केवल संघर्ष कर रहे हैं। आप संघर्ष कर रहे हैं।

किसी ने ऐसी दोस्ती कर ली है जो उस देश के नागरिक की है, और यह सिर्फ़ आपके अंदर के इंसान को तबाह कर रही है। क्या तुम घर वापस आ सकते हो? दोस्तों के पास मत जाओ। लोगों के पास मत जाओ क्योंकि वे तुम्हारी मदद नहीं कर सकते।

अपने पिता के पास आओ। अपने पिता के पास आओ। कहो, हे मेरे पिता, मैं ने तेरे विरुद्ध पाप किया है।

तुमने मेरे खिलाफ़ कोई पाप नहीं किया है। हेल्लेलुयाह। तुमने किसी व्यक्ति के खिलाफ़ कोई पाप नहीं किया है।

तुमने किसी के खिलाफ़ कोई पाप नहीं किया है। वह ईश्वर है। यह मामला तुम्हारे और ईश्वर के बीच का है, और ईश्वर के पास वापस आ जाओ।

यही रास्ता है। मामला यह औरत और वह नहीं है। मुद्दा यह नहीं है।

मामला आपके पिता का है, और उनके पास वापस आइये। और मैं आज रात पिता को अपने हाथ फैलाये हुए खड़ा हुआ देखता हूँ, और वह देख रहे हैं। वह देख रहे हैं।

वह कह रहा है, मेरा बेटा कब वापस आएगा? मेरी बेटी कब उस जगह वापस आएगी जहाँ वह रहती थी? अगर मैं आज रात आपको तस्वीर दिखाऊँ, तो परिवार की मेज़ पर आपकी सीट मुश्किल है। हर बार जब वे खाने के लिए इकट्ठे होते हैं, तो आपकी अपनी सीट अभी भी वहाँ होती है। वे कहते हैं, यह मेरे बेटे के लिए सीट है।

वह दूर देश में है। मैं उसका इंतज़ार कर रहा हूँ। परमेश्वर चाहता था कि आप अपने जीवनकाल में जो काम करें, वे अभी भी अधूरे हैं, और आपको अपने जीवन के लिए परमेश्वर के उद्देश्य को पूरा किए बिना दूर देश में मरने की ज़रूरत नहीं है।

जब स्वर्ग आपसे फिर से जुड़ने का इंतज़ार कर रहा है, तो आपको वहाँ बर्बाद होने की ज़रूरत नहीं है। आज रात जब हम प्रार्थना करते हैं, और जब हम इस रिवाइवल मीटिंग की श्रृंखला शुरू करते हैं, तो क्या हम परमेश्वर से पूछ सकते हैं, क्या ऐसा कोई स्थान है जहाँ वह शांत तार पकड़ा गया था? क्या आप कह सकते हैं, प्रभु, कृपया मुझे वापस ले लो? आइए हम सब मिलकर प्रार्थना करें। पवित्र आत्मा, हम प्रार्थना करते हैं कि आपको हमारे बीच चलने की स्वतंत्रता मिले।

हम ऐसी जगह पर आ गए हैं जहाँ सिर्फ़ तुम ही वो कर सकते हो जो हम तुमसे करने को कह रहे हैं। सिर्फ़ तुम ही दूर देश से किसी आदमी को बुला सकते हो। सिर्फ़ तुम ही हमें वहाँ से बचा सकते हो जहाँ हम फँसे हुए हैं।

हममें से कुछ लोग शर्मिंदा हैं। हम कह रहे हैं, मैं कैसे कर सकता हूँ? मैं फिर से कहाँ से शुरू करूँगा? शायद मैं इसी तरह खत्म होने जा रहा हूँ। आज रात, हे प्रभु, हम प्रार्थना करते हैं, कृपया एक पंक्ति से दूसरी पंक्ति में जाएँ।

दिल से दिल की ओर बढ़ें। आज रात एक व्यक्ति से दूसरे व्यक्ति की ओर बढ़ें, और हमारे साथ कुछ नया करें। हमारी आत्मा में कुछ करें।

हमारे दिल में कुछ नया करो। हे परमेश्वर, कुछ करो। हमें उद्धारकर्ता का प्रेम दिखाओ, ताकि हम वहाँ वापस लौट सकें जहाँ हम वास्तव में हैं।

आज रात जब आपके बच्चे प्रार्थना करेंगे, और जब लोग आपकी बात मानेंगे, तो मैं आपसे प्रार्थना कर रहा हूँ, प्रभु यीशु, कि यह हमारे और आपके बीच एक सुखद पुनर्मिलन हो। पवित्र आत्मा, कृपया आज रात इसे प्रदान करें। जो लोग हाशिये पर खड़े हैं, वे कहते हैं, बेहतर होगा कि मैं अपने पिता के पास लौट जाऊँ।

हे प्रभु, कृपया आज रात इस सभा में अपने वचन का सम्मान करें। धन्यवाद। धन्यवाद, यीशु।

अब, प्रार्थना करने की बारी आपकी है, और मैं चाहता हूँ कि जब हम प्रभु को उत्तर दे रहे हैं, तो कृपया ईमानदारी से कहें कि आपने किसी और व्यक्ति को नाराज़ नहीं किया है, और कोई और आपको बहाल नहीं कर सकता। यह हमारा पिता है। यह आपका अपना पिता है।

और वह कह रहा है, तुम मुझे क्यों नहीं बुलाते? मैं तुम्हें एक और कमरा देने के लिए फिर से यहाँ हूँ। क्या आज रात हमारे बीच कोई ऐसा है जो कह रहा है, हे प्रभु, मैं जानता हूँ कि मैं दूर देश चला गया हूँ। मैं जानता हूँ कि मैं अभावग्रस्त होने लगा हूँ।

मैं जानता हूँ कि तुम्हारे साथ मेरे काम में कुछ बदलाव आया है। मैं जानता हूँ कि मैं वहाँ नहीं हूँ जहाँ मुझे होना चाहिए। मैं जानता हूँ कि कुछ काम खत्म हो गया है, लेकिन मैं वापस उस जगह पर आना चाहता हूँ जहाँ प्रचुरता है।

मैं वहाँ वापस जाना चाहता हूँ जहाँ मुझे वास्तव में होना चाहिए। आज रात, हे प्रभु, मुझे अपने पास खींच लो। मुझे अपने पास खींच लो।

हो सकता है कि ईश्वर की आत्मा आपको आज रात प्रार्थना के एक पल में ऐसा करने के लिए प्रेरित कर रही हो, जबकि दूसरे लोग प्रार्थना कर रहे हैं और अपने लिए ईश्वर को पुकार रहे हैं। युवक ने कहा, मैं उठूंगा। और वह उठ गया।

उसने टाला नहीं। उसने टाल-मटोल नहीं की। उसने परमेश्वर की आत्मा जो कह रही थी, उसका जवाब दिया।

ईश्वर की आत्मा शायद आपसे बात कर रही हो। मैं चाहूँगा कि जब हम उस गीत को फिर से लें, और इसे सिर्फ़ एक बार और लें, और जब हम इसे गाएँ, तो इसे हमारे पादरी को सौंपने से पहले, अगर आप वहाँ हैं और ईश्वर की आत्मा कह रही है, हाँ, अपने पिता के पास आओ, तो मैं आपसे अनुरोध करता हूँ कि आप आज रात प्रभु के सामने अपना दाहिना हाथ उठाएँ और कहें, यह आप ही हैं, प्रभु। मैं आपके पास आना चाहता हूँ।

कृपया मुझे वापस लाओ। मैं भगवान से बहुत दूर भटक गया हूँ। और अगर तुम ईमानदार हो तो तुम भगवान के साथ व्यवहार कर रहे हो।

आइए हम याद करें कि बेलियाल ने हमें यहाँ पवित्रशास्त्र से क्या याद दिलाया है। इस आदमी ने एक निश्चित कदम उठाया। उसने कहा, मैं उठूँगा।

वह उठ खड़ा हुआ। और उसके होठों पर कबूलनामा था। उसने कहा, मैं यह बताने जा रहा हूँ।

दोस्तों, सबसे बुरी बात जो आप कर सकते हैं वह है इस बैठक में कुछ पवित्र काम करना। क्योंकि अगर आप ऐसा करेंगे, तो आप बहुत कम समय में ही अपने पिछड़े हुए, दूर-दराज के, देहाती इलाके में वापस चले जाएंगे। आपको खुले दिमाग से काम करने की ज़रूरत है।

आपको ईमानदार होना चाहिए। आपको आज रात आकर बिली का हाथ पकड़ना चाहिए और कहना चाहिए, देखो, मैं जानता हूँ कि मैं इस पूजा स्थल या किसी अन्य पूजा स्थल पर अपनी उपस्थिति में वफादार हूँ, लेकिन मैं तुम्हारा आदमी हूँ। मैं तुम्हारी औरत हूँ।

ईश्वर से बहुत दूर। मेरे शांत समय ठंडे और उदासीन रहे हैं। उनका कोई मतलब नहीं है।

आपको टूटना होगा। और दोस्तों, भगवान आपसे मिलेंगे। लेकिन यह निश्चित, निर्णायक और गंभीर होना चाहिए।

हम यहाँ कुछ वास्तविक की तलाश कर रहे हैं। क्या आप इसके लिए तैयार हैं? बस अपने आप को आशीर्वाद की याद दिलाएँ। यह आदमी, वह घर आया।

वह आशीर्वाद जिसके लिए वह घर आया। क्या आप एक बार फिर से आशीर्वाद नहीं चाहते? स्वर्ग में पिता, मैं आपकी उपस्थिति की बहुत वास्तविक भावना के साथ एक मनोरंजक बैठक के लिए

अपने दिल की गहराई से आपको धन्यवाद देना चाहता हूँ। इन शास्त्रों को खोलने के लिए जिसने हमारे दिलों को रोमांचित कर दिया है।

और हे परमेश्वर, आपने आज रात अपने सेवक को सचमुच आशीर्वाद दिया है। और मैं इसके लिए अपनी आत्मा की गहराई से आपको धन्यवाद देता हूँ। परमेश्वर की जय हो।

और हमारे प्यारे पिता, हम प्रार्थना करते हैं, यह सिर्फ़ एक छोटा सा पूर्वानुभव हो, जिसका हम आनंद लेने जा रहे हैं, जब परमेश्वर की आत्मा आने वाली रातों में अपने सेवक पर काम करेगी। अब प्रभु, मुझे पूरा यकीन है कि आज रात परमेश्वर के साथ व्यवहार किया जा रहा है। मुझे इस बारे में बिल्कुल भी संदेह नहीं है।

और पिता, हम प्रार्थना करते हैं कि हृदय और जीवन पर आपकी आत्मा का जबरदस्त प्रवाह हो। इस बैठक के समाप्त होने के बाद मनुष्य की आवाज़ शांत हो जाएगी, लेकिन ईश्वर की आवाज़। इसे बोलने दें।

हे परमेश्वर, हम आपसे प्रार्थना करते हैं, यीशु के नाम के लिए। आमीन। आमीन।

धन्यवाद भाई अविली। भगवान आपका भला करे।

आप कोई गलती नहीं हैं

पॉडकास्ट ऑडियो लिंक नीचे:

https://podcasters.spotify.com/pod/show/otakada/episodes/Brother-Gbile-Akanni-Messages-You-Are-Not-A-Mistake-e2knluj

इस वर्ष के लिए हमारा विषय, आपने देखा होगा, मत कहो, मैं केवल युवा हूँ। युवावस्था किसी भी व्यक्ति के जीवन का सबसे अधिक उत्पादक चरण होता है।

आप अभी जिस स्थिति में हैं, वह आपके जीवन का सबसे अधिक उत्पादक हिस्सा है। यही वह समय है जब स्थायी विरासतों की नींव रखी जाती है।

यही समय है। शाश्वत चुनाव किए जाते हैं। यही समय है।

जीवन में आपके अवसरों को निर्धारित करने वाले विकल्प चुने जाने वाले हैं। इसलिए आप यह नहीं कह सकते कि मैं केवल एक युवा हूँ। जब परमेश्वर किसी व्यक्ति का उपयोग करना चुनता है, तो वह उसके जीवन में थक जाने का इंतज़ार नहीं करता, उसके बाद ही वह उसकी तलाश शुरू करता है।

यह उसकी युवावस्था में उसका ध्यान आकर्षित करने के बारे में है। और मैं परमेश्वर का धन्यवाद करता हूँ कि परमेश्वर ने आपको संकेत दिया है। पवित्र आत्मा ने आप पर ध्यान दिया है।

क्योंकि आने वाले दिनों में परमेश्वर जो करने जा रहा है, उसमें आप महत्वपूर्ण हैं। यह वास्तव में अच्छा है कि एक आदमी अपनी युवावस्था में ही जूआ उठाए। फिर भी, कई युवा लोग अपने बेहतरीन साल यह कहते हुए बर्बाद कर देते हैं, मैं अभी भी जवान हूँ।

वे दावा करते हैं कि उनकी युवावस्था खेलने के लिए है और सोचते हैं कि उनके बुढ़ापे में गंभीर होने का समय है। कितना धोखा है। मैं प्रार्थना कर रहा हूँ कि पवित्र आत्मा आपको यह समझने में मदद करे कि बुढ़ापे में केवल फसल काटने के वर्ष हैं।

यह वही है जो आप अभी बोते हैं। यह वही है जो आप अभी बोते हैं। आपके बुढ़ापे में यही आपके पास वापस आएगा।

यही कारण है कि भगवान भावुक हैं। मैं भी, मैं आपके जीवन के इस हिस्से में आपके प्रति बहुत भावुक हूँ। इसका कारण यह है कि यही मुद्दा है।

यह वह खंड है। मैं इसे आपके साथ होने वाली सभी घटनाओं का निर्धारक मैट्रिक्स कहता हूँ। अभी भी और अनंत काल में भी।

इसीलिए जब पवित्र आत्मा कहने लगे, तो यह मत कहो कि मैं सिर्फ़ एक युवा हूँ। मैं प्रार्थना करता हूँ कि पवित्र आत्मा पंक्ति दर

पंक्ति, व्यक्ति दर व्यक्ति से गुज़रे। इन कुछ दिनों के दौरान, आपको एक व्यक्ति के रूप में शामिल करे।

और आपको यीशु मसीह के नाम पर अपने वर्षों में क्या परिणाम प्राप्त करना चाहिए, यह बताना चाहता हूँ। पिछले साल, छात्र सम्मेलन के दौरान, प्रभु ने हमें बताया था कि आपके कारनामों के लिए निर्धारित समय आ गया है। और इस साल, वह इतनी तत्परता के साथ आया है।

मैं तुमसे कहता हूँ, यह मत कहो कि मैं बच्चा हूँ। यह मत कहो कि मैं सिर्फ़ जवान हूँ। जवानी को सिर्फ़ जवानी नहीं समझना चाहिए।

जब आप केवल शब्द लाते हैं। इसका मतलब है केवल, सामान्य रूप से, आकस्मिक रूप से, महत्वहीन रूप से। आप इस मीटिंग से उस शब्द को अपनी शब्दावली से हटा देंगे।

आप सिर्फ़ युवा नहीं हैं। आप एक उद्देश्यपूर्ण युवा हैं। आप एक अमूल्य युवा हैं।

तुम्हारे अंदर कुछ ऐसा है जो फूटने वाला है। और मैं यीशु मसीह के नाम पर इसे देखने के लिए उत्सुक हूँ। मैं भगवान से प्रार्थना कर रहा हूँ कि मुझे लंबी उम्र दे ताकि मैं तुम्हें फूटते हुए देख सकूँ।

ताकि मैं देख सकूँ कि परमेश्वर क्या कह रहा है जो मैं तुम्हारे बारे में सुन रहा हूँ। यीशु मसीह के नाम पर मंच पर आओ। अगर अभी नहीं, तो तुम्हारे पास वाहन कब होगा? तुम्हारे पास आग कब

होगी? और तुम्हारे पास अपनी पीढ़ी पर हवा चलाने के लिए पंखा कब होगा? यह बैठक तुम्हारे लिए एक चेतावनी होगी।

आपकी जन्मजात क्षमता प्रज्वलित होगी। मैं कहता हूँ कि आप प्रज्वलित होंगे। प्रभु आपको यीशु मसीह के नाम पर प्रज्वलित करेंगे।

अब जब तुम मजबूत हो तो तुम्हें भागने के लिए छोड़ दिया जाना चाहिए। तुम्हारी लड़ाइयाँ भयंकर हैं। और ऐसा इसलिए है क्योंकि स्वर्ग तुम्हारे लिए राजदंड रखता है जैसा कि एस्तेर के लिए था।

आपकी ही तरह का एक और युवा। अब समय आ गया है कि प्रभु धरती पर एक नया काम करें। और आप इस काम में महत्वपूर्ण भूमिका निभा रहे हैं।

ये बातें मैं तुमसे कहूंगा, मैं चाहता हूं कि तुम इस पर ध्यान दो, ये बातें पूरी होंगी। जब परमेश्वर तुम्हें इस छात्र सम्मेलन में आने की अनुमति देगा, तो मैं तुम्हें एक छोटा सा आदेश दूंगा। क्यों? इसके पीछे एक कारण है।

एक दिव्य उद्देश्य है जो विफल नहीं होना चाहिए। भले ही आपकी माँ को यह पता न हो कि आपका जन्म क्यों हुआ। भले ही आप में से कुछ लोग आश्चर्य करते हों कि मेरा जन्म क्यों हुआ? भले ही आप इस भावना के साथ जागें कि शायद मैंने कोई गलती की है।

मैं चाहता हूँ कि आप अपने दिल से ये सब मिटा दें। आपके लिए एक दिव्य उद्देश्य है। और आप इसे यीशु मसीह के नाम पर पूरा करने जा रहे हैं।

जैसे ही तुम पहुँचे हो, मैं चाहता हूँ कि तुम जान लो कि तुम उसके चरणों में पहुँच गए हो। बस इतना जान लो कि अब से लेकर जब तक हम समाप्त नहीं कर लेते, तुम्हारा उसके साथ दिव्य जुड़ाव है। अगर संभव हो तो सब कुछ बंद कर दो, हर आदमी को भूल जाओ।

और भगवान से कहो, मैं तुम्हारे लिए यहाँ हूँ। और क्योंकि ये कुछ दिन ऐसे दिन होंगे जो तुम्हारी कहानी में अमिट हो जाएँगे। ये ऐसे दिन होंगे जो तुम्हें फिर से स्थापित करेंगे, तुम्हें फिर से स्थापित करेंगे, तुम्हें आगे बढ़ाएँगे और तुम्हें जीवन के लिए गति देंगे।

मैं चाहता हूँ कि आप जानबूझकर उनके चरणों में रिपोर्ट करें और कहें, प्रभु, मैं आ गया हूँ। यह सम्मेलन पिछले वर्षों की पुनरावृत्ति नहीं है। और यह केवल दोहराव नहीं है।

और यह हमारे लिए कोई नियमित कार्यक्रम नहीं है। यह एक अनोखी बैठक है। और इस वर्ष आप लोगों की जो संख्या परमेश्वर ने तय की है, वह भी अनोखी है।

और इसलिए जैसे-जैसे हम इस बैठक के करीब पहुँच रहे हैं, मैं परमेश्वर पर भरोसा करना चाहता हूँ कि आप उस बहुत ही उद्देश्य को समझेंगे जिसके लिए उसने आपको यीशु मसीह के नाम पर यहाँ लाया है। जब राष्ट्रों की इच्छाएँ आप पर हावी हो

जाएँ तो यह मत कहना कि मैं सिर्फ़ एक युवा हूँ। आप शायद नहीं जानते होंगे, शाऊल ने इसी तरह सोचा था कि वह सिर्फ़ अपने पिता की गांड ढूँढ़ रहा था।

उसे नहीं पता था कि वह पूरे देश की पुकार का जवाब है। वे कई दिनों से रो रहे हैं, वे महीनों से रो रहे हैं, वे सालों से रो रहे हैं। हमें एक राजा दे दो।

और यह युवक, जो अपने पिता के घराने में सबसे छोटा था। और उसका पिता अपने पिता के कुल में सबसे छोटा था। और उसका कुल उसके पिता के गोत्र में सबसे छोटा था।

और उसका गोत्र, बिन्यामीन का गोत्र, इस्राएल के गोत्रों में सबसे छोटा और सबसे छोटा था। और फिर भी, स्वर्ग उसे देख रहा था और कह रहा था, यह वह आदमी है जिसका हम इंतज़ार कर रहे थे। तुम्हारी पीढ़ी तुम्हारा इंतज़ार कर रही है।

आप अपनी पीढ़ी को निराश नहीं करेंगे। यीशु मसीह के नाम पर। लोग उस व्यक्ति के लिए रो रहे थे जो उनका राजा होगा।

जबकि शाऊल कह रहा था, क्या मैं बच्चा नहीं हूँ? अपने पिता के घर में सबसे छोटा। जीवन में अपने आदेश का मूल्यांकन करने से पहले आपको सफ़ेद बाल उगाने की ज़रूरत नहीं है। यह आपके जीवन का पैसा है।

अपने वर्षों का उचित उपयोग करें। अब के बाद, यह केवल अवशेष ही रह जाएगा। और अवशेषों के साथ कोई क्या गंभीर काम कर

सकता है? एक ऐसी चीज जो आपको एक युवा के रूप में करतब दिखाने से रोक सकती है, वह है कि आप खुद को किस तरह देखते हैं।

यिर्मयाह के मामले में, उसने बेरुखी से शिकायत की। देखो, मैं बोल नहीं सकता क्योंकि मैं एक छोटा बच्चा हूँ, मैं एक बच्चा हूँ, मैं एक युवा हूँ। तुम खुद को एक युवा के रूप में कैसे देखते हो? तुमने खुद को क्या समझा लिया है कि तुम युवा होने के कारण क्या नहीं कर सकते? तुमने क्या टाला है क्योंकि तुम अभी भी युवा हो? इस साल की बैठक का बोझ तुम्हें खुद को उस तरह देखने में सक्षम बनाना है जिस तरह से परमेश्वर तुम्हें देखता है।

अब वह तुम से यह कहता हुआ सुनो, कि यह मत कहो कि मैं जवान हूँ। परमेश्वर की कृपादृष्टि यह है कि वह तुम्हारे साथ फाटक पर अपने शत्रु से युद्ध करे। उसका मन तुम पर लगा हुआ है।

और मैं तुम्हें याद दिलाना चाहता हूँ कि परमेश्वर क्या कहता है। देखो, मैंने आज के दिन तुम्हें राष्ट्रों और राज्यों पर नियुक्त किया है ताकि तुम उन्हें उखाड़ फेंको और गिरा दो, नष्ट करो और गिरा दो, बनाओ और रोपो। जब सभा चल रही होगी, तो प्रभु और अधिक जानबूझकर बोलेंगे कि वह तुम्हें क्या करने के लिए नियुक्त कर रहे हैं।

और आपमें से जो लोग दूसरे देशों से हमारे साथ जुड़ने के लिए आए हैं, भगवान आपको संयोग से यहाँ नहीं लाए हैं। ऐसा इसलिए

है क्योंकि आपका देश इंतज़ार कर रहा है, आपके विस्फोट का इंतज़ार कर रहा है। आप उन्हें यीशु मसीह के नाम पर कभी निराश नहीं करेंगे।

इसलिए हम प्रभु के साथ बैठने आए हैं। इन कुछ दिनों में हम ईश्वरीय ज्ञान और दिव्य दर्शन के लिए आए हैं। ताकि हम वह कर सकें जो वह हमसे अपनी पीढ़ी को बदलने की प्रक्रिया में करवाना चाहता है।

मैं चाहता हूँ कि आप हर तरह की व्याकुलता को दूर रखें, क्योंकि हम अपना कर्तव्य निभाने के लिए आमने-सामने हैं। इसलिए जब हम आपका स्वागत कर रहे हैं, तो मैं आपसे केवल तीन काम करने का अनुरोध करना चाहता हूँ। पहला, मैं चाहता हूँ कि आप ध्यान केंद्रित करें।

उस पर, प्रभु पर ध्यान केन्द्रित करें। मैं चाहता हूँ कि आप विचलित होने से इंकार करें। प्रभु यीशु के नाम पर हमारी मदद करेंगे।

अब एक छोटा सा आरोप जो मैं आज रात आपको बताना चाहता हूँ। और मैं बस आपको बताना चाहता हूँ, जब मैं परमेश्वर के वचन को देखता हूँ, तो आप कोई गलती नहीं हैं। किसी को बताइए, मैं कोई गलती नहीं हूँ।

भगवान ने मुझे जानबूझकर बनाया था। उन्होंने जानबूझकर ऐसा किया था। और इसलिए आज रात, इस बैठक की शुरुआत के रूप में।

अगर कोई व्यक्ति अपने जीवन के लिए ईश्वर के दिव्य इरादे को नहीं जानता है। तो वह जीवन को ऐसे जी सकता है जैसे कि यह महज एक दुर्घटना थी। और ऐसे बहुत से लोग हैं जो बूढ़े हैं, वे बूढ़े हो गए हैं।

और अपने पूरे जीवन में, वे ऐसे जीते हैं जैसे कि वे सिर्फ़ परजीवी हों। वे अपना जीवन ऐसे जीते हैं जैसे कि वे संयोग से ही अस्तित्व में आए हों। जब शादी का समय आता है, तो वे कहते हैं कि चलो मैं किसी से भी शादी कर लूँगा।

जब बात आती है कि कहां जाना है, तो वे कहते हैं कि मुझे कहीं भी जाना है। मुझे जो भी मिल जाए, मैं बस वही करता रहूं। और ऐसे बहुत से पुरुष और महिलाएं हैं जो अब बूढ़े हो चुके हैं।

और वे पीछे मुड़कर खुद से पूछते हैं, मैं क्यों पैदा हुआ? बेशक उनके लिए सुधार करने में बहुत देर हो चुकी है। इसलिए वे बस जीना जारी रखते हैं। और उनमें से कई, वे जीवन के पेड़ पर बस साधारण परजीवी हैं।

भगवान चाहेंगे कि मैं इस शुरुआत से ही आपको बता दूँ। आप कोई गलती नहीं हैं। आपको डरकर, सावधानी से और जानबूझकर एक काम के लिए बनाया गया है।

और इसलिए आज रात मैं आपके लिए परमेश्वर का वचन पढ़ूंगा। और मैं आपसे प्रार्थना करने के लिए कहूंगा। और कहूँगा परमेश्वर, आपने मुझे क्यों बनाया।

जिस कारण से तुमने मुझे तराशा। जिस कारण से तुमने मुझे तैयार किया। जिस कारण से तुमने मुझे जीवन में लाया।

मैं इसे अपने जीवनकाल में यीशु मसीह के नाम पर पूरा करूँगा। परमेश्वर के वचन में आपको कई ऐसे लोग मिलेंगे। जिनके बारे में परमेश्वर ने उनके जन्म से पहले ही बोलना शुरू कर दिया था।

कई युवा लोग हैं। भगवान ने जानबूझकर ऐसा किया। वे क्या हैं और वे क्या बनते हैं और क्या करते हैं।

और पहले तो मैं सोच रहा था कि शायद ऐसे लोग खास लोग हैं। लेकिन एक दिन मैं अपनी बाइबल पढ़ रहा था।

और मैंने यीशु मसीह को यह कहते हुए सुना। पृथ्वी पर अपराध अवश्य आएगा। लेकिन उस पर हाय जिसके द्वारा अपराध आया है।

यह बेहतर था कि वह कभी पैदा ही न होता। तो मेरा दिमाग खुल गया और मैंने पूछा भगवान आपका क्या मतलब है? भगवान ने कहा देखो, अगर धरती पर कोई ऐसा आदमी है जो उद्देश्यहीन है। अगर धरती पर कोई औरत है और उसकी अपनी औरत सिर्फ़ अपमान का स्रोत है।

यह बेहतर होता कि वह कभी पैदा ही न होता। भगवान कभी भी किसी ऐसी चीज में निवेश नहीं करेंगे जो असफल परियोजना होगी। आप यीशु मसीह के नाम पर असफल परियोजना नहीं बनने जा रहे हैं।

मुझे एहसास हुआ और यह मेरे लिए स्पष्ट हो गया। और जब यह मेरे लिए स्पष्ट हो गया। मेरे जीवन में कुछ बदल गया।

मेरे काम करने के तरीके में कुछ बदलाव आया। यह स्पष्ट हो गया कि एक भी चीज़ नहीं थी। जब मैंने बाइबल पढ़ी और परमेश्वर ने कहा।

देखो, देखो। मेरे सिर की हवा भी गिनी गई है, गिनी गई है। और ऐसा कुछ भी नहीं है जो मेरे पिता की जानकारी के बिना नीचे गिरे।

मैंने कहा भगवान, क्या मैं इतना महत्वपूर्ण हूँ? क्या मैं इतना महत्वपूर्ण हूँ? कि अगर मेरे बाल का एक भी कतरा गिर जाए तो भी आपने इस पर ध्यान दिया। क्या मैं इतना महत्वपूर्ण हूँ? क्या मेरे जीवन का इतना महत्व है? आपका मतलब है भगवान, अगर मैं खो जाऊँ तो आपको नुकसान का एहसास होगा? और जब मैंने भगवान को हाँ कहते सुना।

मैं तुम पर इतना भरोसा कर रहा हूँ। इससे मुझे एक अलग ही एहसास होता है। एक बार फिर।

जीवन की अपनी छोटी सी यात्रा में। जब मैंने देखा कि शैतान हमेशा मुझे लुभाने की कोशिश कर रहा है। वह हमेशा इस बात की तलाश में रहता है कि मैं कैसे गिर जाऊँ।

तो एक दिन मैंने पूछा। मैंने कहा शैतान। तुम हमेशा मुझे क्यों ढूँढ़ते रहते हो? और मैंने देखा कि शैतान ने मेरी तरफ़ देखा और कहा।

क्योंकि मैं जानता हूँ कि अगर मैं तुम्हें नहीं पकड़ पाया तो तुम क्या करोगे। मैं जानता हूँ कि अगर मैं तुम्हें नहीं पकड़ पाया तो तुम मेरे राज्य को कितना नुकसान पहुँचाओगे। इसीलिए मैं तुम्हें न चूकने की कोशिश कर रहा हूँ।

तब मुझे भी यह बात स्पष्ट हो गई। कि मैं भी अंधकार के साम्राज्य के लिए कितना महत्वपूर्ण हूँ। कि वे हर जगह देख रहे हैं।

और मैं आपको बताता हूँ, शायद आपको पता न हो। हर दिन वे आपातकालीन बैठक बुलाते हैं।

भाई बिली अकाने के बारे में चर्चा करने के लिए। आप जानते हैं, जब यह सभा इकट्ठी हुई थी। शैतान ने कहा, क्या तुम अब देखते हो? उसने इन युवा लोगों को फिर से इकट्ठा किया है।

और वह उन्हें संगठित करने जा रहा है। और वे बाहर निकलकर मेरे राज्य के लिए भ्रम पैदा करने जा रहे हैं। उसने फिर से यही कहा है।

और शैतान कह रहा है, मैं उसे पकड़ने के लिए क्या कर सकता हूँ? और मुझे लगता है कि शैतान तुम्हें बता रहे थे। तुम कई सालों से यह कोशिश कर रहे हो। तुम्हें पता होना चाहिए था।

कि परमेश्वर का हाथ उस पर है। और यदि परमेश्वर उसके पक्ष में है। तो कौन उसके विरुद्ध हो सकता है? हल्लिलूय्याह।

लेकिन क्या आप जानते हैं? आज दोपहर को जब मैं भाइयों के साथ बैठा था, हम बाइबल अध्ययन कर रहे थे।

प्रभु मुझसे बात कर रहे थे। प्रभु मुझसे कह रहे थे। शत्रु।

उसने आपको खोज लिया है। वह जो कुछ भी करना चाहता है, उसके लिए वह एक बहुत ही संभावित खतरा है। और वह वह सब कुछ कर रहा है जो वह जानता है।

तुम्हें रोकने के लिए। और इसी वजह से। वह बिना थके, बिना थके काम कर रहा है।

तो आत्मा मुझसे कह रही थी। अगर तुम महत्वपूर्ण नहीं हो तो शैतान को तुम्हें नज़रअंदाज़ कर देना चाहिए था।

यदि आप पृथ्वी पर जो मैं करना चाहता हूँ उसमें महत्वपूर्ण तत्व नहीं हैं। शैतान को नज़रें फेर लेनी चाहिए। और किसी और चीज़ पर ज़ोर देना चाहिए।

दरअसल, शैतान आप पर ज़्यादा दबाव डाल रहा है। इसका कारण यह है कि.

आपके पास कुछ ऐसा है जो डरावना है। डरावना। अंधकार का साम्राज्य, वे काँप रहे हैं, वे हिल रहे हैं।

वे कह रहे हैं, अरे। हम इस आदमी को खो रहे हैं। वह आगे बढ़ रहा है।

हम जो कुछ भी साथ में जोड़ रहे हैं, उसे नष्ट करने के लिए। और आप जानते हैं, मुझे शैतान से कहने का मन कर रहा है। अपना सबसे बुरा काम करो।

अगर भगवान मेरे साथ हो तो कौन मेरे खिलाफ हो सकता है। लेकिन अगर ऐसा हो तो।

मैं बहुत अजीब था। मुझे आपको फ़ोन करके बात करने की चिंता नहीं होती। लेकिन प्रभु कह रहे थे।

कि ऐसे कई सात हज़ार लोग हैं। जिन्होंने अपने घुटने नहीं टेके हैं। और जो बहुत, बहुत निर्णायक हैं।

आने वाले दिनों में जाओ और उन्हें ढूंढो। इसीलिए तुम यहाँ हो।

इसीलिए स्वर्ग हमें तुम्हें यहाँ लाने के लिए कह रहा है। अपने आस-पास किसी को फिर से बताओ। मैं कोई गलती नहीं कर रहा हूँ।

मुझे उम्मीद है कि आप समझ गए होंगे। मैंने यह नहीं कहा कि मैं गलतियाँ नहीं करता। गलतियाँ करना एक अलग मुद्दा है।

लेकिन गलती होना एक अलग बात है। मैं कोई गलती नहीं हूँ।

क्या मैंने तुम्हें यह स्पष्ट रूप से कहते हुए सुना? भगवान तुम्हारे साथ कुछ जानबूझकर करने जा रहे हैं। इसीलिए तुम यहाँ हो। इसीलिए तुम्हारा जन्म हुआ है।

तो मैं आपको बता दूँ कि मैं परमेश्वर को अलग-अलग लोगों से क्या कहते हुए सुनता हूँ। अलग-अलग व्यक्तियों से।

मैं शायद उनके सभी मुद्दों को स्पष्ट नहीं कर पाऊँगा। समय की कमी के कारण। लेकिन मैं बस कुछ बातें कहना चाहता हूँ।

इन अलग-अलग व्यक्तियों के बारे में। और फिर मैं आपसे प्रार्थना स्थल में आने के लिए कहूँगा। हल्लिलूयाह।

जो हमने पढ़ना शुरू किया है। वह यिर्मयाह अध्याय 1 है। मैं चाहता हूँ कि आप यिर्मयाह अध्याय 1 पढ़ें। मेरे साथ। जल्दी से।

यिर्मयाह 1. क्या तुम वहाँ हो? पद 4. यहोवा का वचन मेरे पास आया। कह रहा है। इससे पहले कि मैं तुम्हें बनाऊँ।

गर्भ में ही, मैं तुम्हें जानता था। तुम्हें बनाने से पहले।

गर्भ में। मैंने क्या किया? मैं तुम्हें जानता था। तुम्हारे जन्म से पहले।

मैंने तुम्हें पवित्र किया है। पवित्र शब्द का अर्थ है। मैंने तुम्हें अलग रखा है।

मैंने तुम्हें विशेष रूप से अलग रखा है। मैंने तुम्हें नियुक्त किया है।

राष्ट्रों के लिए एक भविष्यवक्ता। तो भगवान के लिए। यिर्मयाह को प्राप्त करना।

जब वह उससे बात कर रहा था, तो वह यिर्मयाह से कह रहा था। यिर्मयाह।

कभी मत सोचना कि तुम एक संयोग हो। और कभी मत सोचना कि तुम एक दुर्घटना हो। इससे पहले कि मैं तुम्हें बनाता।

मैं तुम्हें गर्भ में ही जानता था। और तुम्हारे जन्म से पहले भी।

मैंने तुम्हें पहले ही पवित्र कर दिया है। और मैंने तुम्हें राष्ट्रों के लिए एक नबी के रूप में नियुक्त किया है।

चलिए एक और आदमी पर नज़र डालते हैं। मैं आज रात सिर्फ़ वही साधारण-सी घोषणाएँ कर रहा हूँ। क्योंकि मैं चाहता हूँ कि आप एक समझ पर पहुँचें।

आज रात इस मीटिंग में आपमें से कोई भी खड़ा या बैठा नहीं है। यह महज संयोग है। या दुर्घटना।

या कोई गलती। और पवित्र आत्मा आज रात आपको एक व्यक्ति के रूप में संबोधित करेगी। क्योंकि कुछ होने वाला है।

और यही कारण है कि आप पैदा हुए हैं। और यही कारण है कि परमेश्वर आपको उस चीज़ में प्रवेश कराने के लिए सब कुछ कर रहा है जिसके लिए उसने आपको जन्म दिया है। और इसी उद्देश्य से।

वह अब ऐसा कर रहा है जबकि तुम जवान हो। क्या तुम जानते हो? जब मूसा का जन्म हुआ था। आइए पढ़ते हैं कि मूसा के बारे में उन्होंने क्या कहा।

जब वह पैदा हुआ था। इब्रानियों 11. यह बेहतर होता कि जहाँ वह पैदा हुआ था, वहाँ जाकर इसे पढ़ा जाता।

लेकिन मुझे लगता है कि इब्रानियों 11 हमें इसका संक्षिप्त सारांश देगा। और फिर हम आगे बढ़ सकते हैं। इब्रानियों 11।

और आयत 23. विश्वास से, मूसा। जब वह पैदा हुआ।

उसे छिपाया गया। कितने महीनों तक? तीन महीनों तक उसके माता-पिता के लिए। क्यों? क्यों? क्योंकि उन्होंने देख लिया था।

वह एक अच्छा बच्चा था। और वे राजा की आज्ञा से नहीं डरते थे। माता-पिता।

आप जानते हैं, जब उन्होंने कहा कि उन्होंने देखा कि वह एक अच्छा बच्चा था। इसका मतलब यह नहीं था कि उन्होंने देखा कि उसके पास पाँच उंगलियाँ थीं। पाँच पैर की उंगलियाँ।

दो आँखें। नहीं। उन्होंने जो देखा, वह वह नहीं था जिससे वह एक सच्चा बच्चा बन गया।

ऐसे और भी कई बच्चे हैं। लेकिन क्या आप जानते हैं कि उन्होंने क्या देखा? उन्होंने एक भविष्य देखा। उन्होंने देखा कि, अरे, इस छोटे बंडल में देखो।

पालने में यह नन्हा-सा बच्चा। इस नन्हे बच्चे के अन्दर। इस्राएल के बच्चों का उद्धारकर्ता।

दासता के घर से यहाँ है। उन्होंने देखा और कहा, आह, यह छोटी सी चीज़। यह उसमें है।

इस दासता के घर से पलायन होगा जिसमें हम 400 साल से रह रहे हैं। जब माता-पिता ने देखा कि वह एक अच्छा बच्चा है। उन्होंने फैसला किया कि चाहे जो भी कीमत चुकानी पड़े, वे चुकाएंगे।

वे उसे जीवित रखेंगे। क्या आप जानते हैं, अरे, मुझे नहीं पता कि आप जानते हैं या नहीं, लेकिन मैं आपको बता दूँ। जब शैतान को पता चलता है कि कोई ऐसा व्यक्ति पैदा होने वाला है जो परमेश्वर के हाथ में उसके राज्य को नष्ट करने के लिए महत्वपूर्ण होगा।

अगर वह कभी नोटिस करता है, तो कई बार ऐसा होता है कि उसे पता ही नहीं चलता। कई बार वह हैरान रह जाता है। कई बार मैं शैतान को यह कहते हुए सुनता हूँ, आह, अगर मुझे पता होता कि तुम ऐसे होगे, तो मैं तुम्हें बचपन में ही मार देता।

आप जानते हैं, अगर शैतान को यह पता चल जाता कि यह बच्चा जो आने वाला है, मेरे राज्य को हिलाकर रख देगा और नष्ट कर देगा। तो वह उसे खत्म करने के लिए अपनी पूरी ताकत लगा देता। ताकि मूसा का जन्म न हो।

या अगर वह पैदा हुआ भी तो उसे नष्ट कर दिया जाएगा। एक आदेश था। क्या आदेश था? कोई भी बच्चा जो लड़का पैदा होता है, उसे कहो।

अगर लड़कियाँ हैं, तो उन्हें अकेला छोड़ दो। लेकिन अगर लड़का है, तो एक बार जब बच्चा लेबर रूम में ही पैदा हो जाता है।

उसके चेहरे को मत देखो। सीधे जाकर उसके जननांगों की जांच करो। अगर वह लड़का है, तो उसका गला घोंट दो।

क्योंकि हम नहीं जानते कि इनमें से कौन सा वह है जिससे हम उम्मीद कर रहे हैं कि वह इन लोगों को गुलामी के चंगुल से मुक्त करेगा। मुझे नहीं पता कि कितने हज़ार बच्चे मारे गए। जब वे उन्हें मार रहे थे, तो वे मूसा को ही ढूँढ रहे थे।

क्या मैं आपसे संवाद कर रहा हूँ? और मैं आपको बता सकता हूँ कि मेरे समय में कितने लोग मरे। क्योंकि मुझे अभी भी याद है कि जब मैं छोटा था तो कुछ गंभीर महामारी की वजह से कितना दिल टूट गया था। मेरी माँ मरने से कुछ समय पहले मुझसे कहती थी, मैंने कहा, काई, यह भगवान है जो कहता है कि तुम जीवित रहोगे।

अन्यथा, मैं उम्मीद खो बैठा। और जब उसने ऐसा कहा, क्या तुमने भगवान को मुझसे बात करते हुए सुना है? मैंने कहा, मैंने जानबूझकर तुम्हें इसलिए पाला है क्योंकि तुम मेरे लिए क्या करने जा रही हो। मैं बस मुस्कुराया।

मैंने कहा, माँ, यह कोई गलती नहीं है। जैसा कि आप मुझे इस तरह देखते हैं। और जब मैंने अपना जीवन मसीह को दे दिया और मेरे पिता, जो आस्तिक नहीं थे, जो जूजू पुजारी थे, परेशान हो रहे थे, नाराज़ हो रहे थे।

क्योंकि जब भी मैं बाहर जाता और सुसमाचार का प्रचार करता, तो समुदाय के सभी जादूगर और जादूगर घर वापस आ जाते। मैंने कहा, पापा, अपने दामाद को चेतावनी दीजिए। यह आपकी वजह से है कि हमारे अंदर मौत आ जाएगी।

वे नहीं जानते थे कि मेरे खिलाफ़ बनाया गया कोई भी हथियार सफल नहीं होगा। वे नहीं जानते। आप उस व्यक्ति को कैसे मार सकते हैं जिसके लिए भगवान ने नियुक्ति की है? कैसे कर सकते हैं? कुछ साल पहले, जब मैं अभी भी छोटा था, मैंने अपने लिए गाने लिखे थे।

मैं मरूंगा नहीं बल्कि जीवित रहूंगा। मैं मरूंगा नहीं बल्कि जीवित रहूंगा। मैं मरूंगा नहीं बल्कि जीवित रहूंगा।

प्रभु के कामों की घोषणा करने के लिए। मैं मरूंगा नहीं बल्कि जीवित रहूंगा। और मैं अपने पेट से ढोल पीटता था।

मैं मरूंगा नहीं बल्कि जीवित रहूंगा। मैं मरूंगा नहीं बल्कि जीवित रहूंगा। प्रभु के कार्यों की घोषणा करने के लिए।

मैं मरूंगा नहीं, बल्कि जीवित रहूंगा। हेलेलुयाह! आप देखिए, जिस व्यक्ति के लिए परमेश्वर ने नियुक्ति की है, उसके लिए शैतान को

हज़ारों लोगों को बरबाद करने में कोई आपत्ति नहीं है। उसने कहा, चलो बस हत्या करते हैं।

लेकिन आखिरकार, हम उसे पकड़ लेंगे। मेरे कई हमउम्र साथी मारे गए। और मैं जानता हूँ कि शैतान कह रहा है, मैंने सोचा था कि सभी महामारियों के कारण, वह बच नहीं पाएगा।

हम उसे कैसे भूल गए? हम उसे कैसे भूल गए? हम उसे कैसे भूल गए? हम उसे कैसे भूल गए? हम उसे कैसे भूल गए? यह शैतान के मुँह से लगातार पूछा जाने वाला सवाल है। और मैं आपको बता रहा हूँ, यह सवाल उसके मुँह से तब तक नहीं निकलेगा जब तक मैं यीशु मसीह के नाम पर स्वर्ग नहीं पहुँच जाता। मूसा के लिए हज़ारों लोग मारे गए।

क्योंकि वे कह रहे थे, जिस तरह से ये लोग आ रहे हैं, अगर हम उन्हें अनुमति देंगे, तो वे कब्ज़ा कर लेंगे। उन्हें नहीं पता था कि कौन कब्ज़ा कर लेगा। और आप भगवान को जानते हैं, क्या मैं आपको बता सकता हूँ कि भगवान कितने अद्भुत हैं? क्या मैं आपको बता सकता हूँ कि भगवान कितने अद्भुत हैं? शैतान ने हर व्यवस्था की है।

सभी पुलिसकर्मियों को काम पर लगा दिया गया है। वे हर रात, हर सुबह, हर शाम छापेमारी कर रहे थे। उस आदमी की तलाश में जिसे परमेश्वर मिस्र के राज्य से लोगों को छुड़ाने के लिए ला रहा है।

और परमेश्वर, बहुत ही अद्भुत परमेश्वर। तुम्हें पता है उसने क्या करने का फैसला किया? जब मूसा के माता-पिता उसे और नहीं रख सके, तो उन्होंने उसे एक टोकरी में डाल दिया। और जब उसे खुले समुद्र में रखा, तो सुबह 6 बजे वे उसे छोड़ने चले गए।

शाम 6 बजे तक जब पुलिसवाले अपना काम बंद कर देते हैं, तो वे उसे वापस ले जाते हैं। क्या तुम समझ रहे हो? तो एक दिन भगवान ने कहा, हाँ, मैंने तुम्हारा विश्वास देखा है। और मैंने तुम्हारी प्रतिबद्धता देखी है।

अब मैं तुम्हारा काम संभाल लूँगा। मैं उसे खुद ही संभाल लूँगा। और तुम भगवान को फिरौन के घर में, सरकारी छात्रवृत्ति के साथ देखते हो।

सरकारी छात्रवृत्ति। हेलेलुयाह! हेलेलुयाह! सरकारी छात्रवृत्ति, मैं आपको बता रहा हूँ। मिस्र के विध्वंसक मूसा का पालन-पोषण, प्रशिक्षण और प्रायोजन मिस्र के सरकारी कोष से किया गया था।

जब परमेश्वर किसी व्यक्ति के साथ कुछ करने का निश्चय करता है, तो वह अपने शत्रु को भी निवेश करने, उसकी स्कूल फीस भरने, सब कुछ निपटाने के लिए बुला सकता है। ताकि जब वह उठे, तो शैतान को पता न चले कि परमेश्वर क्या कर रहा था। मूसा का पालन-पोषण मिस्र के महल में हुआ था।

वह मिस्र की भाषा को बिलकुल नहीं समझता था। तो क्या आप जानते हैं क्यों? जब परमेश्वर मिस्र को नष्ट करने जा रहा था, मूसा, फिरौन जो भी अपनी मूल भाषा में कह रहा था, आप जानते

हैं कि कभी-कभी जब आप कुछ छिपाना चाहते हैं, तो आप अपनी मूल बोली बोलते हैं। क्या मैं सही हूँ? ताकि वे समझ न सकें कि आप क्या कह रहे हैं।

दुर्भाग्य से, फिरौन के पास ऐसी कोई बोली नहीं थी जिसे मूसा न समझ सके। इसलिए जब वे इस तरह बात कर रहे थे, तो मूसा ने उन्हें बेहतर तरीके से समझा क्योंकि वह उनकी भाषा में पारंगत था। इसलिए जब मूसा अंदर आया, जब वे बात कर रहे थे, तो वह उन्हें समझ गया।

जब परमेश्वर मूसा के लिए तैयार हुआ, तो हेल्लेलुयाह, 130 साल का बंधन 42 दिनों में ही खत्म हो गया। परमेश्वर यही कर सकता है। इससे कोई फर्क नहीं पड़ता, अगर आप अब पीछे मुड़कर देखेंगे, तो आप देखेंगे कि परमेश्वर ने आपको कितनी दुर्घटनाओं से बचाया है।

आपने देखा होगा कि आपकी यात्रा कैसी रही होगी और आप सोच रहे होंगे कि किस तरह की बीमारी ने आपको मार डाला होगा। और भगवान ने आपको बचा लिया।

यहाँ कोई बैठा है, आपकी माँ की मृत्यु तब हुई जब आप छोटे थे। और ऐसा लगता है कि जीवन समाप्त हो गया है, लेकिन आप समाप्त नहीं हुए हैं। जब ईश्वर ने आपके जीवन के लिए कोई नियति तय कर रखी हो, तो कोई भी आपको समाप्त नहीं कर सकता।

हेलेलुयाह। बाइबल कहती है, उन्होंने देखा कि वह एक सच्चा बालक था। और इसलिए उन्होंने उसे बचा लिया।

उन्होंने उसे रखा। भगवान ने उसे प्रायोजित किया। भगवान ने उसे प्रशिक्षित किया।

भगवान ने उसे तैयार किया। जब समय आया, भगवान ने उसे जन्म दिया। उसने अपना भाग्य पूरा किया।

मैं ईश्वर पर विश्वास करता हूँ कि जब तक आप यीशु मसीह के नाम पर अपने लक्ष्य को पूरा नहीं कर लेते, तब तक आप नहीं मरेंगे। लेकिन यशायाह के पास भी ऐसी ही गवाही थी। और जब वह बोल रहा था, तो वह ऐसे बोल रहा था जैसे वह भविष्य के बारे में बोल रहा हो, फिर भी वर्तमान स्थिति के बारे में।

श्लोक 49 को देखिए। मेरा मतलब है, यशायाह 49 और श्लोक 1। सुनो, हे आँखों, मैं जल्दी कर रहा हूँ क्योंकि मैं अब समाप्त करने वाला हूँ। मेरी बात सुनो, और मैं दूर से लोगों को सुन सकता हूँ।

यहोवा ने मुझे गर्भ से ही बुलाया है। मेरी माँ के गर्भ से ही उसने मेरा नाम पुकारा। और उसने मुझे छिपाकर अपने हाथ की आड़ में मेरे मुँह को तेज़ तलवार की तरह बनाया है।

और मुझे छुपाते हुए उसने अपने तरकश में एक चमकीला तीर बनाया। मेरी माँ के गर्भ से ही उसने मुझे बुलाया है। इसलिए आज रात मैं आपका स्वागत करते हुए आपसे बस इतना ही कहना चाह रहा हूँ कि आप कोई गलती नहीं हैं।

और स्वर्ग आपके जीवन के साथ जानबूझकर कुछ करना चाहता है। और परमेश्वर अपनी महान शक्ति से आपको प्रभु यीशु मसीह के नाम पर उस पूर्णता में लाने के लिए खड़ा है। आइए एक और व्यक्ति के लिए करें, और फिर मैं आपसे मेरे साथ प्रार्थना करने के लिए कहूँगा।

यीशु ने नतनएल नामक एक अन्य व्यक्ति के बारे में कुछ ऐसा कहा जो बहुत ही गहरा है। आपमें से कितने लोगों को नतनएल याद है? आप नतनएल को याद नहीं कर पाएँगे क्योंकि वह इतना लोकप्रिय नहीं दिखता। है न? वह लोकप्रिय नहीं है, वह पीटर जैसा नहीं है।

अगर यह पीटर है, तो मैं कहता हूँ कि मैं पीटर को जानता हूँ, मैं पीटर को जानता हूँ। और मैंने तय किया कि चलो उस नतनएल को देखें। उसकी लोकप्रियता के कारण नहीं।

बस आपको यह पता होना चाहिए कि आप जहां भी बैठे हैं, वह आपको देख रहा है। और वह आपके बारे में सोच रहा है। हेलेलुयाह।

जॉन अध्याय एक। कृपया जल्दी से। जॉन एक।

श्लोक 44 में, यहीं से कहानी शुरू हुई। शायद 43 से। अगले दिन, यीशु गलील में जाएगा।

और उसने फिलिप्पुस को ढूँढ़ा। और उससे कहा, “क्या कर रहा है? मेरे पीछे आओ।” फिलिप्पुस तो बैतसैदा का रहनेवाला था, जो अन्द्रियास और पतरस का नगर था।

और फिलिप्पुस ने नतनएल को ढूंढ़कर उस से कहा, कि जिस का वर्णन मूसा ने व्यवस्था और भविष्यद्वक्ताओं में किया है, वह हमें मिल गया है: वह है यूसुफ का पुत्र, यीशु नासरी।

और नतनएल ने उससे कहा, क्या नासरत से कोई अच्छी चीज़ निकल सकती है? क्या तुम्हें यकीन है कि नासरत से कोई अच्छी चीज़ निकल सकती है? फिलिप ने उससे कहा, आओ और क्या करो? और देखो। यीशु ने नतनएल को अपने पास आते देखा। और उसने उसके बारे में कहा, देखो, यह सचमुच एक इस्राएली है, जिसमें कोई परमेश्वर नहीं है।

नतनएल ने उससे कहा, तू मुझे कहाँ जानता है? तूने मुझे कहाँ जाना? यीशु ने उत्तर दिया और उससे कहा, इससे पहले कि फिलिप ने तुम्हें बुलाया, जब तुम अंजीर के पेड़ के नीचे थे, मैंने तुम्हें देखा था। नतनएल ने उत्तर दिया और उससे कहा, रब्बी, तुम परमेश्वर के पुत्र हो। तुम इस्राएल के राजा हो।

यीशु ने उत्तर दिया, "क्योंकि मैंने तुझ से कहा, कि मैं ने तुझे अंजीर के पेड़ के नीचे देखा, क्या तू विश्वास करता है, कि तू इन से भी बड़ी बातें देखेगा।" और उसने उससे कहा, "मैं तुझ से सच-सच कहता हूँ, कि इसके बाद तू स्वर्ग को खुला हुआ देखेगा। और परमेश्वर के

स्वर्गदूत क्या करते हैं? मनुष्य के पुत्र के ऊपर चढ़ते और उतरते हुए।"

जब तुम अभी पेड़ के नीचे थे, तब मैंने तुम्हें देखा। क्या मैं तुम्हें बता सकता हूँ कि आज रात मैं कहाँ रुकने वाला हूँ? ऐसे कई लोग हैं जिनके लिए भगवान ने एक महान नियति बनाई है। लेकिन वे अभी एक पेड़ के नीचे बैठे हैं।

आपमें से कई ऐसे हैं जिनके बारे में स्वर्ग चिंतित है। परमेश्वर आपके द्वारा बनाए गए उद्देश्य को पूरा करने के लिए कड़ी मेहनत कर रहा है। लेकिन अभी तक, आप अभी भी जुनिपर के पेड़ के नीचे बैठे हैं।

उलझन का पेड़। लापरवाही का पेड़। मुझे नहीं पता कि आपको उस पेड़ के इर्द-गिर्द क्या बांधे हुए है।

मैं एक अदृश्य जंजीर देख सकता हूँ। और मैं देख सकता हूँ कि शैतान कह रहा है, वह वहाँ कभी नहीं जाएगा। वह कभी प्रभु से नहीं मिलेगा।

वह कभी नहीं करेगा। वह कभी नहीं करेगा। लेकिन भले ही आप उस पेड़ के नीचे बैठे हों, लेकिन प्रभु की आँखों ने आपको देखा है।

उसने कहा, जब तुम देवदार के पेड़ के नीचे थे, मैंने तुम्हें देखा। लेकिन तुम देखो, जब वह आ रहा था, यीशु, यीशु ने उसके जीवन से कुछ पकड़ा। वह खुद उलझन में था।

उसने कहा, तुम मुझे कहाँ जानते हो? उसने कहा, मैं तुम्हें जानता हूँ, मैं तुम्हें जानता हूँ। जब तक तुम पेड़ के नीचे हो। मैं जानता हूँ कि तुम किस लिए बने हो।

मैं जानता हूँ कि तुम्हें क्या बनना चाहिए। मैं जानता हूँ कि मैं तुम्हें क्या बनाना चाहता हूँ। जब पतरस आ रहा था, तो यीशु ने उसकी ओर देखा।

उसने कहा, तू शमौन है, परन्तु आज से तू पतरस होगा। शमौन पतरस ने उसकी ओर देखकर कहा, हां, आज से तू पतरस होगा।

आपमें से कुछ लोग अभी जो हैं, वह वह नहीं है जो स्वर्ग ने आपको निर्धारित किया था और आपको बनाया था। आप अभी भी एक पेड़ के नीचे बैठे हैं। आप अभी भी एक पेड़ के नीचे बैठे हैं।

वह पेड़ जिसके पास सिर ढकने के लिए कोई छाया नहीं है। आप में से कुछ, क्या आप जानते हैं कि जब मैं आपसे बात कर रहा हूँ, तो आपको परमेश्वर द्वारा उठाया जा रहा है। राष्ट्रों के लिए एक बहुत ही प्रभावशाली प्रचारक बनने के लिए।

लेकिन तुम अभी अनैतिकता के पेड़ के नीचे हो। एक पुरुष के तौर पर तुम अभी तक हाँ नहीं कह पाए हो। और तुम अपनी जवानी में क्या कर सकते थे।

दुश्मन ने कहा, चलो जल्दी से उसे भ्रमित कर दें। ताकि उसके जागने से पहले ही हम उसे नुकसान पहुंचा दें। लेकिन मैं आज रात तुम्हें बता दूँगा।

जिसने तुम्हें तुम्हारी माँ के गर्भ से बनाया है, वह भावुक है और इस बैठक में खड़ा है। तुम्हें उस पेड़ के नीचे से हटाने के लिए।

आपको वहां पहुंचाना जहां आप हैं। और आपके जीवन से जुड़ी हर चीज को आगे बढ़ाना। अपनी महान शक्ति से।

मैंने आपको बताया कि मूसा को ईश्वरीय नियुक्ति मिली थी। लेकिन दुर्भाग्य से, आप जानते हैं। क्या हो सकता था, ईश्वर ने उसकी सुरक्षा के लिए क्या प्रावधान किया।

वह उसका जाल बन रहा था। फिरौन की बेटी को सिर्फ़ उसकी देखभाल करनी थी और उसे प्रशिक्षित करना था। उसे फिरौन से कोई लेना-देना नहीं था।

और दुर्भाग्य से, वे उसे वह बनने के लिए तैयार कर रहे थे जिसके लिए वह पैदा नहीं हुआ था। वे उसे ऊपर-नीचे ऐसे ले जा रहे थे जैसे कि वह अगला फिरौन बनने जा रहा हो। और यह भाई, कभी-कभी आधी रात को।

वह अपनी माँ योकेबेद की आवाज़ सुनेगा। वह दर्शन जो मैंने तुम्हारे बारे में देखा था। जब मैं तुम्हें गर्भ में रखती थी।

और जब तुम पैदा हुए, तो मुझे ये सब त्याग करने के लिए किसने मजबूर किया। ऐसा नहीं है कि तुम मिस्र के फिरौन बन सकते हो। बल्कि ऐसा है कि तुम प्रभु के सेवक बनोगे।

तुम अपनी पीढ़ी में परमेश्वर की आवाज़ बनोगे। लेकिन मूसा ने तुरंत ही उसे देखा। मिस्र की लड़कियों के बीच ऊपर-नीचे जाते हुए।

वह अपनी जान बचाने के लिए छटपटा रहा था क्योंकि उन्हें लगा कि वह अगला फिरौन है। और वे उसकी पत्नी, मिस्र की रानी बनना चाहते थे। एक रात।

मूसा, बाइबिल ने कहा, वह वर्षों में आया था। उसकी आँखों से कुछ हटा दिया गया। तुम फिरौन की बेटी नहीं हो, बेटा।

तुम इसलिए पैदा नहीं हुए हो। तुम मिस्र के महल में खिलवाड़ करने के लिए पैदा नहीं हुए हो। पाप के सुख जो तुम यहाँ भोगते हो।

थोड़ी देर के लिए है। आपकी किस्मत दांव पर है। मैं कल्पना कर सकता हूँ कि उस रात मूसा कैसे जाग गया और उसने कहा, भगवान।

अरे। तुम्हारा मतलब है कि मुझे यह घोषणा करनी चाहिए कि मैं कौन हूँ? मुझे अब यह झूठ नहीं बोलना चाहिए? क्योंकि अब देश में हर कोई उसे किस नाम से जानता था? किस नाम से? वे उसे एक मिस्री के रूप में जानते थे। फिरौन की बेटी के बेटे के रूप में।

क्या यह उसकी सही पहचान है? इसलिए मूसा ने कहा, हे प्रभु, अगर मैं यह घोषणा करूँ कि मैं फिरौन की बेटी नहीं हूँ, बेटा हूँ? और मैं मिस्री नहीं हूँ। और मैं एक हिब्रू और अपने लोगों का उद्धारक बनने के लिए पैदा हुआ हूँ। मुझे इसकी क्या कीमत चुकानी पड़ेगी? और उसने देखा कि हाँ, इसकी कीमत तुम्हें महल से चुकानी पड़ेगी।

इसके लिए तुम्हें पाप का सुख भोगना पड़ेगा। इसके लिए तुम्हें मिस्र की सम्पत्ति की कीमत चुकानी पड़ेगी। लेकिन यह सब उस अमूल्य सम्पत्ति की तुलना में कुछ भी नहीं है जो तुम्हें मसीह यीशु में मिलेगी।

और याद रखिए, उसने इस बारे में एक महीने तक सोचा होगा। वह सुबह उठेगा। वह उस महिला के पास जाकर बताना चाहेगा जो उसकी माँ होने का दावा कर रही थी।

लेकिन फिर वह वापस जाकर कहेगा, अगर मैं अब ऐसा करता हूँ, तो वे मुझे यहाँ से भगा सकते हैं। तो मैं कहाँ रहूँगा? अगर मैं अब घोषणा करता हूँ कि मैं वास्तव में ईश्वर का पूर्ण बच्चा बनना चाहता हूँ, तो ये सभी लड़कियाँ मेरे लिए मिर्च का सूप बनाने के लिए इस्तेमाल की जाएँगी। हे, हाय, हाय।

मैं इस सरकारी रथ को खो सकता हूँ जिस पर मैं सवार हूँ। लेकिन कुछ उसे कह रहा था, मूसा, तुम दो महीने में मर सकते थे। तुम उस पानी में डूब कर मर सकते थे।

तुम्हारे कितने उम्र के साथी मारे गए? मैंने तुम्हें एक उद्देश्य के लिए बचाया था। तुम फिरौन की बेटी का बेटा बनने के लिए पैदा नहीं हुए थे। तुम्हें उसके लिए नहीं बचाया गया था।

तुम्हारा भाग्य तुम्हारा इंतज़ार कर रहा है। और हज़ारों इस्राएली तुम्हारा इंतज़ार कर रहे हैं कि तुम उन्हें इस गुलामी के घर से बाहर निकालो। आख़िरकार एक दिन वह उठ खड़ा हुआ।

उन्होंने एक प्रेस कॉन्फ्रेंस बुलाई। उन्होंने यह नहीं बताया कि वह एक पालक माँ हैं क्योंकि वह उन्हें इसकी अनुमति नहीं देती। आप में से कुछ लोग इस मीटिंग के दौरान सालों तक आने वाले हैं।

आपमें से कुछ लोग तो टूटकर गिर पड़ेंगे। और कहेंगे, मैं वही बनूंगा जो भगवान मुझसे चाहता है। मैं अपनी योग्यता की एक छाया भी नहीं छोड़ूंगा।

उन्होंने एक बैठक बुलाई। उन्होंने कहा, देवियो और सज्जनो। उन्होंने कहा, ओह, राजकुमार मूसा।

राजकुमार मूसा। अगला फिरौन। मिस्र का शक्तिशाली शासक।

मिस्र का सबसे खूबसूरत युवक। जिसके लिए सभी लड़कियाँ मरती हैं। हम आपकी सेवा में हैं।

हमें कहीं भी भेजो। और अगर तुम हमें संकेत दोगे तो हम तुम्हारे लिए उपलब्ध हैं। राजकुमार मूसा।

जब वे इस तरह की बातें कर रहे थे, तो मैं कल्पना कर सकता हूँ कि मूसा कह रहा होगा, हे परमेश्वर, अगर मैं यह घोषणा कर दूँ, तो मैं यह सम्मान खो दूँगा। मैं यह तालियाँ खो दूँगा। मैं यह सम्मान खो दूँगा।

मैं ये खो दूँगा. मैं वो खो दूँगा. मैं वो खो दूँगा.

लेकिन एक आवाज़ उससे कहती है, "लेकिन तुम स्वर्ग पाओगे। तुम महिमा पाओगे। यहाँ सब कुछ अस्थायी है।"

स्वर्ग आपके लिए जो तैयार कर रहा है वह शाश्वत है। देवियो और सज्जनो। आज सुबह मेरी बात ध्यान से सुनिए।

और सबने कहा, ओह, हाँ, ओह, मूसा। हमारे समय का वक्ता। वह जो भाषा का निर्माण करता है।

हमारी पीढ़ी का सबसे महत्वपूर्ण व्यक्ति। फिरौन की बेटी का बेटा। उसने कहा, और यही बात है जिसे मुझे आज सही करने की ज़रूरत है।

मुझे 40 सालों से अपने मन में बनी गलत धारणा को सुधारना है। मुझे सच्चा होना चाहिए। मुझे उसके प्रति वफ़ादार होना चाहिए जिसने मुझे बनाया है।

मेरी आँखों ने एक ऐसी महिमा देखी है जिसने मिस्र की सारी खूबसूरती को एक साधारण कचरा बना दिया है। एक अदृश्य धन है जो खर्च नहीं किया जा सकता, कभी खत्म नहीं होता, जो मेरा इंतज़ार कर रहा है। काश मैं उस कचरे को छोड़ देता जिसे तुम मिस्र का धन कहते हो।

सभी रिपोर्टर नोट कर रहे थे। वह क्या कह रहा है? वह क्या कह रहा है? वह कहाँ उतरने वाला है? उसकी माँ देख रही थी। यह लड़का क्या घोषणा करने वाला है? मुझे उम्मीद है कि वह यह कहानी नहीं सुनाएगा कि मैंने उसे कैसे चुना।

मैंने ऐसे दिखावा किया जैसे कि यह मेरा बच्चा है। जैसे कि मैं गर्भवती हूँ। अरे।

मुझे उम्मीद है कि वह यह सब नहीं कहेगा। उसे मुझे बदनाम न करना चाहिए। और मूसा ने आगे कहा, देवियो और सज्जनो, लंबी कहानी को छोटा करते हुए, 40 साल से मैं झूठ बोल रहा हूँ।

40 सालों से मैं वह बनने की कोशिश कर रहा हूँ जो मैं बनने के लिए नहीं बना हूँ। 40 सालों से लोग मुझे मिस्र का प्रचार करने के लिए प्रेरित कर रहे हैं, जिसे नष्ट करने के लिए मेरा जन्म हुआ था। और 40 सालों तक मुझे जंक फ़ूड खिलाया गया जिसे आप लोग स्वादिष्ट कहते हैं।

मेरे अंदर का आदमी इस कारण को जानने के लिए तरस रहा है कि मैं क्यों पैदा हुआ और क्यों सुरक्षित रहा। मैं आज आपको यह बताना चाहता हूँ कि मैं फिरौन की बेटी का बेटा नहीं हूँ और न ही मैं चाहता हूँ कि मुझे फिरौन की बेटी का बेटा कहा जाए। वह और मैं, हम दोनों ही सच्ची कहानी जानते हैं।

उसने इस मामले में चुप रहने का फैसला किया है, लेकिन मैं अब चुप नहीं रह सकता। मैं इब्रानियों का इब्रानी हूँ। और मुझे प्रभु के गोत्र से संबंधित होने पर गर्व है।

और मुझे इस बात की परवाह नहीं है कि मैं मिस्र में क्या खोता हूँ। सुप्रभात, देवियों और सज्जनों। इसके साथ ही, मिस्र शोक में डूब गया।

स्वर्ग आनन्दित हो गया। यीशु के नाम पर आज रात स्वर्ग यहाँ किसी के लिए आनन्दित हो। शैतान जिस चीज़ के लिए आपके जीवन पर बैठा है, उसके लिए आपका जन्म नहीं हुआ है।

आप उस लत के अधीन होने के लिए पैदा नहीं हुए हैं। आप इस दुनिया की चीज़ों के गुलाम बनने के लिए पैदा नहीं हुए हैं। आप इसलिए पैदा नहीं हुए हैं।

तुम ऊपर-नीचे, अंदर-बाहर, इधर-उधर लुढ़कने, बर्बाद होने के लिए पैदा नहीं हुए हो। तुम कुछ खास पुरुषों के अहंकार की सेवा करने के लिए पैदा नहीं हुए हो जो हमेशा तुमसे सेक्स की मांग करते रहते हैं जैसे कि तुम एक सेक्स मशीन हो। तुम इसलिए पैदा नहीं हुए हो।

भगवान की योजना के अनुसार, आप भगवान के हाथ में एक बर्तन हैं, जो महल के लिए तैयार है। आपको इस तरह से ऊपर-नीचे धकेला नहीं जाना चाहिए। जब फिरौन को पता चला कि इस युवक ने एक घोषणा की है, और वह वास्तव में दुःख के मैदान में भगवान के लोगों से मिलने के लिए चला गया है, तो वह समझ नहीं पाया।

वह समझ नहीं पा रहा था कि मूसा ने मिस्र के सारे सुखों को क्यों त्याग दिया। मूसा ने एक बयान दिया था। तुम जिसे सुख कहते हो, जिसे तुम स्वादिष्ट चीजें कहते हो, जिसे तुम धन-दौलत कहते हो, मैंने उसे क्या माना है? बकवास।

जो चीज़ें मुझे हासिल हुई थीं, अब मैं उन्हें क्या मानता हूँ? नुकसान के तौर पर। मेरे प्रभु मसीह को जानने की उत्कृष्टता के लिए। बाइबल कहती है, उसने मिस्र को छोड़ दिया क्योंकि वह उसे देख रहा था जो अदृश्य था।

मैं अब यहीं रुकना चाहता हूँ। मुझे विश्वास है और मैं समझता हूँ कि आज रात, आप हाँ कहेंगे। आप उस जुनिपर पेड़ के नीचे खड़े होंगे।

आप उस पिंजरे से बाहर निकलेंगे। आपको याद आएगा कि असल में शैतान सिर्फ़ आपकी अज्ञानता का फ़ायदा उठा रहा है। और वह सिर्फ़ उन चीज़ों पर बैठा है जो उसकी नहीं हैं।

तुम उठोगे। उड़ाऊ पुत्र ने कहा, मैं उठूंगा। मैं अपने पिता के पास जाऊंगा।

आइए हम फिर से इस बात से जुड़ें कि मेरा जन्म क्यों हुआ और क्यों भगवान ने मुझे इतने सालों तक सुरक्षित रखा। यहीं से कहानी शुरू होगी। यहीं से वह सब शुरू होगा जो स्वर्ग आपके जीवन को बदलने की योजना बना रहा है।

और आज रात, मैं आपसे बस इतना ही कहना चाहता हूँ, बहुत ही कम समय में, हम बस पाँच मिनट की प्रार्थना करने जा रहे हैं। और यह प्रार्थना सिर्फ़ इसलिए है कि आप कह सकें, मैं उसमें शामिल नहीं हूँ। मुझे कीचड़ में नहीं रहना चाहिए।

वे ऊपर मेरा इंतज़ार कर रहे हैं। जब वे ऊपर मेरा इंतज़ार कर रहे हैं तो मुझे यहाँ नहीं बैठना चाहिए। क्या मैं जवान दिख रहा हूँ? खैर, स्वर्ग मेरी उम्र पर भरोसा कर रहा है कि मैं अपनी पीढ़ी के लिए क्या करूँ।

और आप शैतान को या जिसने भी पोस्ट किया था, जो भी पोस्ट किया गया था, जो भी दोस्त आपके जीवन के इर्द-गिर्द रहा है, आपको उस मूर्खतापूर्ण चीज़ के लिए अनुकूलित कर रहा है, उसे बताने जा रहे हैं। आप उसे बताने जा रहे हैं, माफ़ करें, मैं इसके लिए नहीं बना हूँ। मैं उसके पास जा रहा हूँ जहाँ मेरा होना चाहिए।

मैं प्रभु के पास आ रहा हूँ, अब आपके पास आ रहा हूँ। और यह बैठक, जैसा कि हम आज रात शुरू कर रहे हैं, परमेश्वर आपको उस दिशा में ले जा रहा है जो आपके जीवन में आपका आदेश होना चाहिए। आप कोई गलती नहीं कर रहे हैं।

शैतान आपके जीवन में गलती करने की कोशिश कर रहा है, लेकिन नहीं, नहीं। पाप आपके जीवन को खराब करने की कोशिश कर रहा है, लेकिन नहीं। दुनिया की व्यवस्था सोचती है, उसे रिहा नहीं किया जाना चाहिए।

नहीं। तुम आज रात उठोगे। तुम उस जगह जाओगे जहाँ स्वर्ग तुम्हें चाहता है।

और पहला कदम जो आप उठाने जा रहे हैं, वह यह है कि उससे कहें कि, नहीं, मैं यहाँ की नहीं हूँ। मैं पाप की नहीं हूँ। मैं शैतान की नहीं हूँ।

मैं विश्व व्यवस्था से संबंधित नहीं हूँ। मैं उससे संबंधित हूँ। और मैं उसके साथ फिर से जुड़ने जा रहा हूँ।

आप शायद पस्त होकर आए हों। आप शायद गुप्त रूप से पराजित होकर आए हों। आप शायद आए हों, और जब मैंने घोषणा करना शुरू किया, तो उन्होंने कहा, शायद वे मुझे जानते हैं।

वह मेरे बारे में ऐसा नहीं कहेगा। नहीं, मैं जानता हूँ। और भगवान भी जानता है।

लेकिन आप यह नहीं जानते कि परमेश्वर आपके लिए आपके वर्तमान से कहीं बेहतर भविष्य देखता है। और यही बात शैतान को हैरान करती है। शैतान कहता है, लेकिन मैंने उसे हरा दिया है।

तुम अभी भी उसमें कैसे दिलचस्पी रख सकते हो? भगवान कहते हैं, क्योंकि मैंने उसमें जो डाला है, वह अभी तक प्रकट नहीं हुआ है। और तुम उसके साथ जो कर रहे हो, वह मुझे उससे प्यार करने से नहीं रोक सकता। मैं उससे प्यार करता था।

मैंने उसे बनाने से पहले ही उससे प्यार किया था। आज रात किसी को उस प्यार का जवाब देना चाहिए। किसी को यीशु से कहना चाहिए, मुझे नहीं पता था कि तुम मेरे जीवन को इतना महत्व देते हो।

और मैंने सोचा कि मैं एक गैर-अस्तित्व था। आज रात, मैं अपना जीवन आपको सौंपता हूँ। मैं आपके पास आ रहा हूँ, प्रभु।

मैं उस कुएँ से पानी पीने आ रहा हूँ जिसके बारे में हमारे भाई गा रहे थे। वह कुआँ, जिससे जब तुम पीते हो, तो तुम फिर कभी उसका स्वाद नहीं लेते। तब वह कुआँ तुम्हारे भीतर एक कुआँ बन जाएगा, जो अनन्त जीवन की ओर बहता रहेगा।

आज रात, परमेश्वर ऐसा करने वाला है। पिता, इस रात के लिए आपका धन्यवाद। इस अवसर के लिए आपका धन्यवाद।

युवा जीवन के विशेषाधिकार के लिए फिर से धन्यवाद, जिनके लिए आपके पास एक योजना है। युवा महिलाएँ जिनके लिए स्वर्ग के पास एक महान योजना है। इस युवा व्यक्ति के लिए धन्यवाद।

और आप उन तक पहुँचने से कुछ ही समय पहले पहुँच रहे हैं, जब दुश्मन उन्हें तितर-बितर कर देगा और उन्हें खत्म कर देगा और उन्हें नुकसान पहुँचाएगा। हे प्रभु, मैं आपका धन्यवाद करता हूँ। हे परमेश्वर, आपके हाथ के लिए धन्यवाद जो आपने बढ़ाया है।

फिर से जुड़ना, पुनर्स्थापित करना, क्षमा करना, शुद्ध करना, और जो खो गया था उसे पूरा करना। आपके जुनून के लिए धन्यवाद, भगवान। धन्यवाद, आप कहते हैं, जब मैं खून देखूंगा, तो मैं आपके ऊपर से गुजर जाऊंगा।

छिड़कने वाले खून के लिए धन्यवाद। वह खून जो भालू के खून से बेहतर बातें बोलता है। वह खून जो कहता है, आओ, जब मैं खून देखूंगा, तो मैं तुम्हारे ऊपर से गुजर जाऊंगा।

पिता, आपके प्यार के लिए धन्यवाद। हमने पहले आपसे प्यार नहीं किया। आप ही हैं जिन्होंने सबसे पहले हमसे प्यार किया।

अगर यह तुम्हारे लिए हमारा प्यार था, तो यह कई बार विफल हो गया है। यह कई बार ठंडा पड़ गया है। लेकिन क्योंकि तुमने हमें हमेशा के लिए प्यार किया है, यह एक ऐसा प्यार है जो हमें जाने नहीं देगा।

यह एक ऐसा प्रेम है जो हमें खो जाने नहीं देगा। प्रभु, आज रात, हम उस प्रेम का उत्तर देते हैं। क्या आप अब, अपने आप उठकर, व्यक्तिगत रूप से परमेश्वर से बात करना चाहेंगे और कहेंगे, हाँ, प्रभु।

क्योंकि मैं सुन रहा हूँ कि तुम कह रहे हो कि मैं कोई गलती नहीं हूँ, और जब मैं पेड़ के नीचे था, तब भी तुमने मुझे देखा था। और क्योंकि तुम जानते हो कि तुम मेरे जीवन के साथ क्या करना चाहते हो, मैं बस अपना दिल तुम्हें सौंपता हूँ। मैं आज रात तुम्हारे प्यार का जवाब देना चाहता हूँ।

मैं बस आपसे यही कहना चाहता हूँ, हाँ प्रभु। हाँ प्रभु। हाँ प्रभु।

मैं भी तुम्हारे पास आना चाहता हूँ, हाँ, फिरौन की तरह, मूसा की तरह। मैं उस कारण को जानना चाहता हूँ कि तुमने मुझे क्यों जीवित रखा है। तुमने मुझे क्यों सुरक्षित रखा है।

आप मुझे यहाँ तक क्यों लेकर आए हैं। आपने मुझे परमेश्वर के वचन से क्यों परिचित कराया है। आप मुझे विद्‌यार्थी कांग्रेस में क्यों लेकर आए हैं।

आह, प्रभु, आज रात, आज रात, आज रात, प्रभु, आज रात, प्रभु। पवित्र आत्मा। हर जूआ, हर जंजीर जो किसी भी व्यक्ति को उस पेड़ से बांधती है, उसे तुरंत तोड़ दिया जाए।

वे प्रभु की आवाज़ सुनें जो कहती है, यहाँ ऊपर आओ। यहाँ ऊपर आओ। यहाँ ऊपर आओ।

मैं तुम्हारा भला करूँगा। मैं तुम्हारी कहानी बदल दूँगा। अरे, यहाँ ऊपर आओ।

यहाँ ऊपर आओ। मैंने तुम्हारी आवाज़ सुनी है। और यह तुम्हारे प्यार के बारे में बताती है।

और इस रात, प्रभु, मैं आ रहा हूँ। पवित्र आत्मा। इस बैठक से इन लोगों के जीवन में बदलाव आना चाहिए।

आपमें से जो लोग पहले से ही अपंग हैं, हम आपको यीशु मसीह के नाम पर जीवित करते हैं। दुश्मन ने जो कुछ भी सोचा था कि उसने नुकसान पहुँचाया है, हम उन्हें यीशु मसीह के नाम पर वापस जीवन में लाते हैं। आज रात से प्रभु का वचन आपको अच्छा करेगा।

जैसे ही आप सर्वशक्तिमान परमेश्वर की बांह पर दौड़ेंगे, आपको आराम मिलेगा। आपको आराम मिलेगा। धन्यवाद, पिता।

और हे नरक की शक्तियों, आज रात इन लोगों के जीवन को देखो। बहुत हो गया। उनके जीवन में, उनके डर में तुम्हारा हस्तक्षेप, हम यीशु मसीह के नाम पर इसे रोकते हैं।

अभिषेक के कारण, हर जूआ टूट जाता है। हम यीशु मसीह के नाम पर उनके जीवन पर लगे जूए को तोड़ते हैं। उन्हें उनके उद्देश्य की पूर्ति के लिए मुक्त किया जाएगा।

वे परमेश्वर के दिव्य उद्देश्य को पूरा करेंगे। धन्यवाद, पिता। आमीन।

की उपस्थिति का पूरा-पूरा लाभ उठाना

पॉडकास्ट ऑडियो लिंक के नीचे:

https://podcasters.spotify.com/pod/show/otakada/episodes/Brother-Gbile-Akanni-Messages-MAKING-THE-MOST-OF-GODs-PRESENCE-e2knmah

मैं जो बात आपके साथ साझा करना चाहता हूं, मैं चाहता हूं कि आप इसे दिल से लें, क्योंकि मेरा सचमुच मानना है कि यहां के बाद हमारे लिए कुछ महान चीजें घटित होंगी।

लेकिन आपको इसका पूरा लाभ उठाने के लिए तैयार रहना चाहिए। परमेश्वर की उपस्थिति से सर्वश्रेष्ठ प्राप्त करना। हेलेलुयाह! आमीन! कुछ लोग हैं जो परमेश्वर की उपस्थिति में आए, और मैंने देखा कि वे सर्वश्रेष्ठ प्राप्त करना चाहते थे।

वे जो भी सतही चीज़ पा सकते थे, उससे संतुष्ट नहीं थे। वे तब तक आगे बढ़ते रहे जब तक उन्हें कुछ ऐसा नहीं मिल गया जो केवल परमेश्वर ही दे सकता था। और यही वह सलाह है जो मैं आपके साथ साझा करना चाहता हूँ।

क्योंकि आप और मैं दोनों ही, मैं कुछ और पाने के लिए उत्सुक हूँ। मुझे लगता है कि यीशु में कुछ और भी है जो मुझे उससे कहीं ज़्यादा मिल सकता है जो मुझे मिला है। मुझे लगता है कि ईश्वर के साथ आगे बढ़ने के लिए बहुत कुछ है।

वहाँ एक उच्चतर स्थान है जहाँ उठना है। और ऐसा नहीं है कि परमेश्वर ऐसा करने में असमर्थ है। परमेश्वर ऐसा करने के लिए तैयार है।

परमेश्वर को इसे जारी करने में कोई समस्या नहीं है। हम निर्गमन की पुस्तक पढ़ने जा रहे हैं। हम बस ऐसे व्यक्ति का उदाहरण लेंगे जो परमेश्वर से सर्वश्रेष्ठ पाने के लिए दबाव डाल रहा है।

और क्योंकि यह एक सलाह और एक उपदेश है, इसलिए मैं इसे बहुत ही तेजी से समझाऊंगा। लेकिन मैं केवल यही प्रार्थना करता हूं कि परमेश्वर स्वयं आपको उस चीज के लिए तैयार करे जो परमेश्वर आपको देने वाला है। निर्गमन अध्याय 32 और 33 में ही हम मूसा की कहानी से मिलते हैं।

और मैं आपको प्रार्थना करने से पहले इसकी सामान्य पृष्ठभूमि बता दूँगा। क्या आप जानते हैं कि परमेश्वर ने मूसा को पहले भी बुलाया था? परमेश्वर ने उसे पहाड़ पर आने के लिए कहा था। निर्गमन 24 में, जहाँ परमेश्वर ने उसे आमंत्रित किया, मैं चाहता हूँ कि आप इसे जाँच लें।

निर्गमन 24 में देखिए कि परमेश्वर ने मूसा को किस तरह आमंत्रित किया। परमेश्वर की ओर से मुझे और आपको किस तरह का निमंत्रण मिला है। मैं पद 12 से पढ़ूँगा।

मेरे पास पहाड़ पर चढ़ो और वहाँ रहो। मैं तुम्हें पत्थर की पटियाएँ और जो व्यवस्था और आज्ञाएँ मैंने लिखी हैं, उन्हें दूँगा ताकि तुम

उन्हें सिखा सको। तब मूसा अपने सेवक, यानी सहायक यूसुफ के साथ उठ खड़ा हुआ।

और मूसा परमेश्वर के पर्वत पर चढ़ गया। और उसने पुरनियों से कहा, तुम यहीं हमारा इन्तजार करो, हम तुम्हारे पास लौट आएंगे। हारून और हू तुम्हारे साथ हैं।

अगर किसी को कोई परेशानी हो तो वह उनके पास जाए। बेशक हारून और हू तुम्हारे साथ हैं। अगर किसी को कोई परेशानी हो तो वह उनके पास जाए।

मूसा पहाड़ पर चढ़ गया और बादल ने पहाड़ को ढक लिया। प्रभु की महिमा सीनै पर्वत पर विश्राम कर रही थी और बादल ने उसे छह दिनों तक ढक रखा था। इस्राएल के बच्चों की नज़र में प्रभु की महिमा का दृश्य पहाड़ की चोटी पर भस्म करने वाली आग की तरह था।

इसलिए मूसा बादल के बीच में चला गया और पहाड़ पर चला गया और मूसा चालीस दिन और चालीस रात उस पहाड़ पर रहा। अब, मैं बस यह स्थापित करना चाहता था कि मैं जहाँ जा रहा हूँ, वहाँ जाने से पहले। भगवान ने मूसा को पहाड़ पर आने के लिए कहा था।

लेकिन मैं नहीं चाहता कि आप यहाँ एक समस्या, एक मामला भूल जाएँ। अगर आप अपनी बाइबल को बहुत अच्छी तरह से पढ़ते हैं, तो इसे फ्रेंच में पढ़ें। बारहवाँ श्लोक, बस वही बारहवाँ श्लोक, पहली पंक्ति, वह निमंत्रण।

रुको, उसने उससे क्या करने को कहा? इसे फिर से पढ़ो, मैं चाहता हूँ कि वे इसे सुनें। इसे फ्रेंच में पढ़ो, हाँ। यह बहुत महत्वपूर्ण है।

आप में से कुछ लोग पहाड़ पर जाने पर ज़ोर देते हैं। आप में से कुछ लोग पहाड़ पर जाने के बारे में बहुत-बहुत बड़ी चर्चा करते हैं। क्या आपने देखा कि परमेश्वर ने पहाड़ पर जाने के लिए नहीं कहा? परमेश्वर ने क्या कहा? पहाड़ पर मेरे पास आओ।

ऐसा इसलिए है क्योंकि परमेश्वर उस पर्वत पर था। यही कारण है कि पर्वत का कोई महत्व है। मेरे पास आओ।

यह पहली बात है जिस पर आपको ध्यान देना चाहिए। यह मत कहो कि मैं बोको के पास आया हूँ। अगर यह उसके लिए नहीं है, तो यह यात्रा बेकार है।

यह बोको नहीं है। आपके आने में यही महत्वपूर्ण तत्व है। आपके आने में कौन सा तत्व महत्वपूर्ण है? वह, वह, प्रभु।

पहाड़ पर मेरे पास आओ। क्योंकि मैं उस पहाड़ पर हूँ, मेरे पास आओ। निमंत्रण उसके लिए है, पहाड़ पर मेरे लिए है।

यह पहला बिंदु है। और मुझे लगा कि इस मीटिंग की शुरुआत में आपको यह बताना ज़रूरी है कि आप अपने आगमन का सबसे ज़्यादा फ़ायदा कैसे उठा सकते हैं। क्या मैं आपसे पूछ सकता हूँ कि क्या परमेश्वर ने भाई एम्बिले से आने के लिए कहा था? क्या उन्होंने यही कहा था? नहीं? नहीं।

मेरे पास आओ। पहाड़ पर। और मैं कुछ समझना चाहता था।

जब भाई मूसा पहाड़ पर पहुंचे, तो मैं वहां का नाटक देख रहा था। वह उस पहाड़ पर थे। वह परमेश्वर के पहाड़ पर चढ़ गए।

प्रभु की महिमा उस आदमी पर छा गई। और बादल ने उसे छह दिन तक ढक कर रखा। मैं तुमसे एक सवाल पूछ रहा हूँ।

क्या मीटिंग शुरू हो गई है? क्या आपने देखा कि छह दिनों से यह आदमी पहाड़ पर आ गया है? पहाड़ पर अच्छा माहौल था। पहाड़ पर एक तरह का बादल था। लेकिन भगवान ने नहीं कहा, बादल के पास आओ।

शोरगुल की तरफ़ आओ। उसने क्या कहा? मेरे पास आओ। इसलिए जब तक मूसा को परमेश्वर नहीं मिला, तब तक वह इंतज़ार करता रहा।

वह इंतज़ार करता रहा। बाइबल कहती है, जो लोग दूर थे, वे बादलों को देख रहे थे। वे अंधकार को देख रहे थे।

लेकिन मूसा का सिर्फ़ एक ही एजेंडा था। वह एजेंडा क्या है? वह। उसके पास, वह आया है।

और उसे बस इंतज़ार करने में छह दिन लग गए। कुछ लोग हैं, जो बस उस पहाड़ पर चले जाएँगे। भगवान की स्तुति करो।

मैं आखिरकार पहुँच गया हूँ। पहाड़ की यात्रा बहुत कठिन थी। पहाड़ की यात्रा कठिन और खतरनाक थी।

यह मुश्किल था। लेकिन मैं पहुँच गया। भगवान का शुक्र है।

क्या यह काफी है? जब हम आपसे बात करेंगे तो जवाब दीजिए। जब तक भगवान उसके सामने प्रकट नहीं होते, तब तक वह कहीं और नहीं जा सकता। क्या आप तय कर सकते हैं कि इस पहाड़ पर आना, पहाड़ की यात्रा, आपने जो टिकट खरीदा, सारी निराशा, वाहनों का खराब होना, आग और गर्मी जो हमें परेशान कर रही है, जहाँ आप सोए और जो सुविधाजनक नहीं था, क्या यही कारण है कि आप यहाँ आए हैं? तो सबसे पहले आपको यह करना चाहिए कि इसका सबसे अच्छा उपयोग करें, सुनिश्चित करें कि आप उसे पकड़ लें।

यहाँ कुछ भी महत्वपूर्ण नहीं है। ईमानदारी से कहूँ तो यहाँ कुछ भी महत्वपूर्ण नहीं है। मेरे पास सिर्फ़ यही साहस है कि मैं आपको आमंत्रित करूँ, मैं कठिनाइयों को जानता हूँ।

मुझे पता है कि हमारी सड़क खराब है। मुझे पता है कि आपको पैसे खर्च करने होंगे। मुझे पता है कि हालात मुश्किल हैं।

लेकिन देखिए, मैं कुछ मानता हूँ। अगर आप यहाँ ईश्वर से मिलते हैं, तो आपके जीवन में जो होगा, वह सभी परेशानियों, सभी लागतों से कहीं ज़्यादा होगा। सुनो, मेरी बात सुनो।

मैं ऐसा क्यों करूँगा? हम खुद को इस मुश्किल में क्यों डाल रहे हैं? हम क्यों निर्माण करते जा रहे हैं और किस लिए? कुछ नहीं। सिवाय इसके कि आप उससे मिलें। लेकिन आप जानते हैं कि मैं

क्या जानता हूँ? अगर आप उससे मिलते हैं, तो आपके जीवन के बीस साल, यहाँ होने वाली मुलाकात को पार करने के लिए पर्याप्त नहीं होंगे।

यह एक बार आने वाला समय, आपके राष्ट्रों की तलाश का उत्तर हो सकता है। इसीलिए आप यहाँ हैं। मैं यहाँ बड़ी उम्मीद के साथ खड़ा हूँ।

भगवान आपको धोखा नहीं दे सकते। भगवान आपको यहाँ आने के लिए परेशान नहीं कर सकते। अगर इससे बड़ा कुछ नहीं है, कुछ ऊंचा नहीं है, कुछ ज्यादा गौरवशाली नहीं है।

देखो, हम पहले से ही पसीना बहा रहे हैं। और जब तक भगवान हम पर दया नहीं करेंगे, मौसम को ठंडा करने के लिए, आपको फिर से पसीना आएगा। लेकिन यह समस्या नहीं है।

अगर तुम उसे पकड़ लोगे, तो वह तुम्हारे सारे बिल चुका देगा। और इसलिए छह दिनों तक, जब तक भगवान ने कुछ नहीं कहा, जोशुआ वहीं था। वह इस बात से उत्साहित नहीं था कि हम आखिरकार पहुँच गए हैं।

और भगवान का शुक्र है, हम जल्द ही वापस आएँगे। मैंने देखा कि जब भगवान ने उसे ऊपर आने के लिए कहा, तो वह पहाड़ पर मेरे पास आ गया और वहाँ रहा। मैं उस पर आ रहा हूँ।

लेकिन मैं बस यही चाहता हूँ कि आप उस पहले बिंदु को समझें। मैं उस पर क्यों इशारा कर रहा हूँ? अगर वह वह नहीं है जिसे आप ढूँढ

रहे हैं, तो आपको वह नहीं मिलेगा। अगर वह आपकी सर्वोपरि खोज नहीं है, तो दूसरी चीज़ें आपका ध्यान खींच सकती हैं।

लेकिन मैं, जैसा कि आप मुझे अपने सामने खड़ा देख रहे हैं, मुझे लगता है कि यह आपके और मेरे साथ धोखा होगा। अगर आपने भगवान को नहीं पकड़ा, तो इसका कोई मतलब नहीं है। लेकिन मैंने भगवान पर भरोसा किया है कि वह खुद को आपके सामने प्रकट करेगा।

वह आपके लिए वह करेगा जो कोई और नहीं कर सकता था। और जब आप आ रहे थे तो जो लोग आपसे पूछ रहे थे, उन्होंने कहा, आप इतनी यात्रा क्यों कर रहे हैं? यह सब क्या है? आप इतना पैसा क्यों लगा रहे हैं? आप इतनी बुरी खबरें सुनने के बाद यह टिकट खरीदने के लिए अपना खाता क्यों खाली कर रहे हैं? लेकिन कुछ कह रहा है, वहाँ जाओ, मैं तुमसे मिलूँगा। लेकिन दूसरे कहते हैं, आपको बोगो जाने की क्या ज़रूरत है? क्या भगवान हर जगह नहीं हैं? क्या भगवान हर जगह नहीं हैं? वह आपके पिछवाड़े में भी है।

तुम्हें कहीं जाने की जरूरत नहीं है। लेकिन भगवान ने कहा, मेरे पास पहाड़ पर आओ, जो दिव्य नियुक्तियों का स्थान है। अगर भगवान कह रहे हैं, मेरे पास पहाड़ पर आओ और वहाँ रहो, तो इसका मतलब है कि नियुक्तियों का स्थान महत्वपूर्ण है।

इसका मतलब है कि परमेश्वर आपके लिए कुछ ऐसा करना चाहता था जिसे उसने आपके घर के पिछवाड़े में नहीं करने का फैसला किया। क्या आप समझ रहे हैं? ऐसा नहीं है कि परमेश्वर

हर जगह नहीं है। लेकिन उसने चुना कि उसे कहाँ प्रकट होना है, कहाँ खुद को दिखाना है, कहाँ वह जो करना चाहता है उसे करना है।

इसलिए यह मीटिंग किसी भी मीटिंग की तरह नहीं है। यह ऐसी मीटिंग नहीं है जिसमें आप शामिल हो सकते थे। क्या आप समझ रहे हैं कि मैं क्या कहना चाह रहा हूँ? इसलिए मैं चाहता हूँ कि आप यह जान लें कि आप यहाँ किस लिए हैं, भगवान आपके लिए क्या करना चाहते हैं, अगर वह कहीं और हो सकता, खासकर जहाँ आप हैं, तो भगवान आपको परेशान नहीं करते।

भगवान ऐसे ही लोगों को परेशान नहीं करते। लेकिन एक दिव्य नियुक्ति है। पहाड़ पर मुझसे मिलो।

इसीलिए। इसीलिए। तो कृपया बताएं कि आप इसका सबसे अच्छा और अधिकतम लाभ कैसे उठाएंगे? सुनिए कि यह वैसा नहीं है जैसा आप करते आए हैं।

अगर यह किसी और काम की तरह है जिसे आप खुद ही व्यवस्थित कर सकते थे तो आपको यहाँ आने की कोई ज़रूरत नहीं है। ऐसा इसलिए है क्योंकि भगवान ने आपको यहाँ मिलने के लिए नियुक्त किया है। यही बात इस जगह को अनोखा बनाती है।

इसीलिए आपको जिम्बाब्वे छोड़कर इस ओर आना पड़ता है। इसीलिए आपको बोत्सवाना से संघर्ष करना पड़ता है और यहाँ आना पड़ता है। और लोग कह रहे हैं कि वे वहाँ क्या कर रहे हैं? और

इसलिए क्या आप फिर से वहाँ जा रहे हैं? नहीं, नहीं, नहीं, नहीं, नहीं।

यदि परमेश्वर जो करना चाहता है, यदि आप उसे अपने बैठने के कमरे में करने के लिए चुने जाते हैं, तो यहाँ आने की कोई आवश्यकता नहीं होगी। और आप में से कुछ ने कहा कि क्या वे कोई दूसरी बाइबल पढ़ने जा रहे हैं, जिसे हम नहीं पढ़ रहे हैं? ईमानदारी से कहें तो हम कोई दूसरी बाइबल नहीं पढ़ने जा रहे हैं। यह वही बाइबल है जिसे आप पढ़ रहे हैं।

लेकिन समस्या क्या है? भगवान कहते हैं कि मैं तुम्हें कुछ बताना चाहता हूँ, लेकिन यह पहाड़ पर है। आप जानते हैं कि ऐसे अन्य लोग भी हैं जिन्होंने यह घोषणा सुनी होगी, वे मेरे पास चटाई पर आए और वहाँ मौजूद रहे और उन्होंने कहा कि जो कुछ भी वह कहना चाहता है, उसे नीचे आने दो। उसे नीचे आने दो।

जब वह नीचे आता है तो वे वापस लौटना शुरू कर देते हैं। कुछ लोग कहते हैं कि क्या वह ब्रैकबिले नहीं है जिसे वह उपदेश देने जा रहा है? उसे हमारे देश में आने दो। यह ब्रैकबिले नहीं है जो उपदेश देने जा रहा है।

अगर मैं अकेला हूँ तो क्या मेरे लिए आपके यहाँ आना सस्ता नहीं होगा? क्या आप मेरी बात सुन रहे हैं? एक टिकट निश्चित रूप से 50 टिकटों से सस्ता है। क्या मैं सही हूँ? और कुछ लोग कहीं बैठे हैं और कह रहे हैं कि उसे कब आना है, उसे यहाँ नीचे लाना है। अगर यह ऐसी चीज़ है जिसे आप नीचे ला सकते हैं तो भगवान आपको

क्यों परेशान करेंगे? यह उन दूसरी चीज़ों की तरह नहीं है जिनका आप प्रचार कर रहे हैं।

तो आप आज सुबह मेरे साथ प्रार्थना करने जा रहे हैं और कहेंगे कि हे भगवान मैं आपके पास आया हूँ और मैं दिव्य नियुक्ति के स्थान पर आया हूँ। मुझे जाने मत देना। मैं यहाँ एक भाई से बात कर रहा था, मुझे लगा कि भगवान चाहते हैं कि वह यहाँ हो।

मैंने कहा कि आप कुछ करने जा रहे हैं। मैं आपको उसका वर्णन नहीं कर सकता, लेकिन यह स्पष्ट है कि आपको उस मुठभेड़ के लिए आना चाहिए। उसके बाद आपका रास्ता साफ हो जाएगा।

आपकी यात्रा, आपका मंत्रालय एक अलग रूप लेगा। इसीलिए हम आग्रह कर रहे हैं कि आप यहाँ अवश्य आएं। इसे मिस न करें।

इसे मत भूलिए। आपको इसी पर संतोष करना होगा। हेलेलुयाह।

जब भगवान ने कहा कि वहाँ रहो, तो तुम्हें पता है कि यह मेरे लिए बहुत बड़ी समस्या थी। आप सभी कृपया सुनें और जो मैं कहना चाहता हूँ उससे डरो मत। डरो मत, लेकिन अगर ऐसा हुआ तो मैं माफ़ी नहीं माँगूँगा।

क्या आप जानते हैं कि जब परमेश्वर ने मूसा से कहा कि पहाड़ पर आओ और वहाँ रहो, तो उन्होंने उसे यह नहीं बताया कि बैठक कितनी देर तक चलेगी। उन्होंने उसे यह भी नहीं बताया कि यह कितनी देर तक चलेगी। उन्होंने उससे केवल इतना कहा कि मेरे पास आओ और वहाँ रहो।

मानो ईश्वर कह रहा हो कि मैं एजेंडा तय करूंगा। मैं तय करूंगा कि कब तक मैं तय करूंगा कि क्या होगा। क्या आप जानते हैं कि जब मूसा ऊपर जा रहा था तो उसने नहीं सोचा था कि वह शायद दो दिनों से ज़्यादा वहाँ रहेगा क्योंकि ईश्वर ने बस इतना कहा था कि पहाड़ पर आओ और मैं तुम्हें वह दूंगा जो तुम उन्हें सिखाओगे।

आप देखिए, मेरी समझ से मैंने सोचा कि यह ऐसा है जैसे वह नीचे आकर कहे कि हाँ मैं आ गया हूँ सर। वह चीज़ कहाँ है? धन्यवाद। तो यही है जो मुझे जाकर आपको सिखाना चाहिए।

धन्यवाद सर। और फिर वह कहता कि क्या मैं अब जा सकता हूँ। ऐसा लगता है कि वह कुछ लेने और वापस जाने वाला था। उसके पास अतिरिक्त कपड़े नहीं थे क्योंकि वह इतने लंबे समय तक रहने की योजना नहीं बना रहा था। मैं आप में से कुछ लोगों को जानता हूँ कि आप 40 दिनों के उपवास और प्रार्थना का सिद्धांत बनाते हैं, मुझे यह ऐसा नहीं लगा।

ये 40 दिन जो इस आदमी ने खाए-पीए नहीं, ये योजनाबद्ध नहीं था ये कोई पूर्व नियोजित उपवास नहीं था ऐसा इसलिए था क्योंकि जब वो पहाड़ पर पहुंचा तो मामला अलग हो गया पहले 6 दिन भगवान ने शुरू भी नहीं किया तो अगर उसने योजना बनाई होती तो मैं 6वें दिन वापस यात्रा करता उसके साथ क्या होने वाला है वो वापस आ गया होता कहानी क्या होगी मैं पहाड़ पर पहुंच गया वास्तव में वहां एक बादल था पूरी जगह अद्भुत थी और मैंने भगवान को धन्यवाद दिया और मैंने इंतजार किया लेकिन जब

मैंने उसे नहीं देखा तो उसने बात नहीं की लेकिन मैं देख रहा था उस समय मैं

समाप्त के रूप में रहने की योजना बनाई इसलिए मैं वापस जा रहा हूँ आप जानते हैं कि भगवान को हम पर दया करनी है आप या तो प्रार्थना करने जा रहे हैं और अब से लेकर जब मेरा वीज़ा समाप्त हो जाएगा, तब तक कहेंगे नहीं कृपया सुनिश्चित करें कि आप मेरे पास आएं इस बैठक को समाप्त न होने दें और मैंने आपको नहीं देखा है वापस जाना मूर्खता होगी यह कहने का एक तरीका होगा कि हम समाप्त हो गए और हम कहाँ जा रहे हैं किसके साथ आप लोगों को क्या दिखाएंगे तो आप जानते हैं कि अब दो समस्याएं हैं या तो आप अपने जीवन में भगवान के प्रकटीकरण को तेज करें अपनी प्रार्थना से अपनी दस्तक से आज सुबह से ही मैं कहता हूँ हे भगवान अगर मेरी टिकट पर लिखा है कि मैं 16 तारीख को जाऊंगा तो इसका मतलब है हे भगवान चूंकि मैं आपको देखे बिना वापस नहीं जा सकता मुझे आपको देखना होगा मुझे आपको छूना होगा मुझे वह प्राप्त करना होगा जो आप चाहते हैं

मुझे यहाँ लाया इसलिए जब वह इंतज़ार करने लगा और इंतज़ार करने लगा क्योंकि उसने कभी रुकने की योजना नहीं बनाई थी उसने बस सोचा जैसे वह जाता था वह पहाड़ पर जाता है और वह जाएगा लेकिन इस बार और आप मुझे नहीं समझ सकते क्या आप चाहते हैं कि मैं आपको समझ दूं यहां तक कि जिन लोगों को उसने घर पर छोड़ा था वे कभी उम्मीद नहीं कर रहे थे कि वह लंबे समय तक रहेगा हे मेरे भगवान क्या आप मेरे साथ हैं आप देखते

हैं कि वे नहीं सोच रहे थे कि वह लंबे समय तक रहेगा उन्होंने भी अपने मन में सोचा वह बस जाएगा और वापस आ जाएगा लेकिन जब वह रुका और रुका और रुका और वे दिन गिनते रहे और वह वापस नहीं आया चर्चा होने लगी हम नहीं जानते कि इस आदमी को क्या हुआ है वह चला गया है और हम उसे नहीं देख रहे हैं अरे क्या वह कभी वापस आएगा इसलिए उन्होंने हारून से कहा इस मूसा के लिए हम नहीं जानते कि उसके साथ क्या हुआ क्या हम कोई वैकल्पिक व्यवस्था कर सकते हैं क्या आप हमें कोई भगवान दिखा सकते हैं क्योंकि वह आदमी जो हमें ले जा रहा था वह चला गया है वह वापस नहीं आ रहा है

इन दिनों के भीतर यही मेरी विनती है लेकिन यदि वह कहे तुम कौन हो मुझे वह करने के लिए मजबूर करने वाले जो मैं करना चाहता हूँ मुझे पता है कि कब करना है क्या मैं कुछ और कर सकता हूँ मुझे और क्या करना है इंतज़ार करने के लिए लेकिन मैं इंतज़ार कर रहा हूँ कि भगवान जल्दी ही हमारे पास आएँगे आप जानते हैं कि यह एक प्रार्थना है और मैं विनती करता हूँ कि आप उस प्रार्थना में मेरे साथ शामिल होंगे हे भगवान हम आपको समय नहीं दे रहे हैं लेकिन हम आपसे भीख मांग रहे हैं शांत हो जाइए आज मेरे साथ शुरुआत करें एक भी घंटा बर्बाद न होने दें मुझे बोको में क्या इकट्ठा करना है मुझे इसके बिना न जाने दें क्या आप समझे इसीलिए मैं आपसे प्रार्थना में मेरे साथ शामिल होने के लिए कहने जा रहा था इस अवधि का सर्वोत्तम उपयोग करने के लिए कि स्वर्ग आपके लिए खुल जाएगा और आपको कोई भी चीज़ विचलित नहीं कर सकेगी और आप एक दिन भी बर्बाद नहीं करेंगे

कि आज सुबह से ही कुछ शुरू होने दें इसे अंतिम रूप दिया जाएगा यदि इसे अंतिम रूप दिया जाएगा हमारे जाने से पहले लेकिन क्या आप उनके लिए प्रावधान करेंगे और मैं उसे यह कहते हुए सुन रहा हूँ कि यह मेरी समस्या नहीं है मैंने पहले कभी इस तरह आपका स्वागत नहीं किया लेकिन यह वही है जो आत्मा करने के लिए कह रही है क्या दिन आना चाहिए और पवित्र आत्मा ने कहा मैंने इस आदमी के साथ समाप्त नहीं किया है आप्रवासन के पास जाओ और उनसे अपने प्रवास को बढ़ाने की विनती करो चाहे हमें इसके लिए जो भी खर्च करना पड़े वह हमें निराश नहीं करेगा लेकिन आप जानते हैं कि मेरे पास विकल्प हैं पहला विकल्प प्रभु आपके पास जल्दी आएँ यह पहली प्रार्थना है लेकिन आप भगवान तय करें और इसके लिए कहें मैं उनके जीवन में जो लिख रहा हूँ मैंने समाप्त नहीं किया है और आपको जल्दबाजी करने की आवश्यकता नहीं है मैं भगवान से क्या कहने जा रहा हूँ मैं यहाँ हूँ जिसके लिए गंभीर प्रार्थना की आवश्यकता होगी देखो, क्या आप जानते हैं कि आप में से कुछ बैठे हैं क्योंकि यह एक दिनचर्या है आप बस सोचते हैं कि यह बैठक शनिवार को समाप्त हो जाएगी इसलिए भगवान की कृपा से सावधान रहें मैं भी बस भगवान की प्रतीक्षा कर रहा हूं कि भगवान वही करेंगे जो वे कहते उस कहानी का अंत अध्याय 31 में बाइबल कहती है बाइबल अध्याय 31 को देखो यह सब मुझे अध्याय 32 33 तक पहुंचने में मदद करने के लिए था जिसके बारे में मैं आपसे प्रार्थना करने के लिए कहना चाहता हूं अध्याय 31 के अंत में श्लोक 18 में

जब उसने माउंट सिनाई पर उसके साथ बातचीत समाप्त कर ली थी मैं इस शब्द को जानता हूं जब भगवान ने उससे बात करना समाप्त कर दिया था लेकिन पुराने राजा जेम्स ने कहा जब भगवान ने उसके साथ बातचीत समाप्त कर ली थी तो उसने मूसा को भगवान की उंगली से पत्थर उठाने की गवाही की दो तख्तियां दीं यह भगवान की उंगली थी लेकिन भगवान कुछ कर रहे थे वह बातचीत कर रहे थे वह मूसा से कुछ कर रहे थे भगवान आपसे बातचीत करें तो हम जहां खा रहे हैं वहां से जहां हम सो रहे हैं वहां से बैठक में जाते हैं कृपया आप इसके लिए यहां नहीं आए आप उसके लिए आए और आपके साथ उसका संवाद वही है जो आपको रिहा करने से पहले होना चाहिए जब तक अध्याय 32 आया भगवान मूसा को दोहरा रहे थे कि घर के पीछे क्या हो रहा था कुछ घर पर हो रहा था मुझे नहीं पता कि भगवान मुझे और आपको कैसे छुड़ाएंगे यह मुश्किल है और वहाँ यह चीज़ उपयोगी है लेकिन खतरनाक है बहुत उपयोगी है लेकिन साथ ही बहुत विचलित करने वाली है आप यहाँ बैठ सकते हैं और कह सकते हैं मुझे भी देखने दो

क्या हो रहा है भगवान आपको क्यों बैठाना चाहते हैं ताकि मैं वो कर सकूँ जो वो आपको यहाँ लेकर आए हैं कुछ आपको हमारे पास वापस आने के लिए मजबूर करता है मैं बस जाँच करना चाहता हूँ मैं बस अपने शरीर की जाँच करना चाहता हूँ मुझे ऐसे देखना है जैसे कि आप यहाँ आए हों लेकिन स्वर्ग कह रहा है वह कहाँ है वह कहाँ है वह चली गई वह चली गई वह विचलित है वह जाँच करना चाहती है कि क्या हो रहा है और क्योंकि अब कुछ भी वर्णन करना और करना असंभव है मुझे बस देखने दो कि वहाँ क्या है और अगर

मुझे पता है कि तुम यहाँ यही करने आओगे आपने हमारा समय बर्बाद किया बेहतर था कि तुम यहाँ नहीं आते बेहतर था कि तुम वापस रहो यदि आप इस समय का अधिकतम लाभ उठाना चाहते हैं आपको आत्म व्याकुलता पर विजय प्राप्त करनी होगी हाँ आत्म व्याकुलता वह व्याकुलता जो स्वयं से उत्पन्न होती है वह बाहर से व्याकुलता से बड़ी है व्याकुलता जो भगवान को आपका ध्यान आकर्षित करने की अनुमति नहीं देगी क्या आप कल्पना कर सकते हैं कि भगवान आपके साथ यहाँ कोई मामला शुरू कर सकते हैं भगवान बस एक मामला उठा सकते हैं और कहो मुझे जल्दी से जाकर खाना खाने दो भगवान हमारी मदद करें

लेकिन इसके बजाय आप जल्दी से चले जाते हैं आप वाई-फाई ढूंढ रहे हैं और अगर आपको मिल जाए तो क्या आप कृपया यहां रहेंगे यदि आप यहां नहीं हो सकते थे तो आप क्यों आए आप व्यवसाय क्यों करेंगे जब आप घर पर रहकर अपना व्यवसाय कर सकते थे यह कितना दुर्भाग्यपूर्ण है क्या आप नहीं जानते कि भगवान जानते हैं कि चीजें आपके पीछे हो रही होंगी और वह जानते हैं कि आप एक ही समय में यहां और वहां नहीं हो सकते हैं और उन्होंने कहा आओ और यहां रहो आप अपनी पीठ भगवान के पास क्यों नहीं छोड़ देते आप जो हो रहा है उससे भगवान को निपटने की अनुमति क्यों नहीं देते और चूंकि उन्होंने मुझे यहां अपने साथ रहने के लिए किसी चीज की वजह से लिया है वह मुझे देना चाहते हैं जो कुछ भी हो रहा है वह इसे संभाल लेंगे क्या आपको लगता है कि यहां बैठकर आप अपने बच्चों की निगरानी कर रहे हैं जैक कहां है जैक कहां है जैक कहां है जैक कहां है वह कहीं गया था उसे

बुलाओ उसे बुलाओ मम्मी कहो मां आपको घर पर ही रहना चाहिए था आपने अपना जीवन क्यों बर्बाद किया मूसा ने अंततः खोज लिया और भगवान ने कहा कि जाओ जो वह लेकर गया था उससे समस्या हल हो सकती थी लेकिन कुछ ठीक से पूरा नहीं हुआ था और भगवान ने कहा कि मैं तुम्हारे साथ नहीं जा रहा हूँ जाओ और अपना व्यवसाय करो मैं तुम्हारे साथ नहीं जा रहा हूँ शायद वह गुरुत्वाकर्षण को नहीं जानता था लेकिन जब यह उसके लिए स्पष्ट हो गया तब तक वह अध्याय 33 तक पहुँच गया यह एक प्रार्थना थी मैं चाहता हूँ कि आप मेरे साथ प्रार्थना करने के लिए शामिल हों अध्याय 33 में मूसा भगवान ने मूसा से कहा चले जाओ यहाँ से तुम और वे लोग जिन्हें तुम मिस्र देश से निकाल कर लाए हो उस देश में जिसके देने की शपथ मैंने तुम्हारे पूर्वजों से ली थी और वह सब तुम्हारे वंशजों को दूंगा और मैं अपने दूत को तुम्हारे आगे भेजूँगा श्लोक 2 उस देश में जाओ जिसे देने की शपथ मैंने तुम्हें ली थी श्लोक 2 तब मूसा ने यह गंभीर प्रार्थना शुरू की और मैं चाहता हूँ कि आप देखें कि उसकी प्रार्थना क्या थी श्लोक 12

इसलिए मैं प्रार्थना करता हूँ यदि मुझ पर आपके अनुग्रह की दृष्टि है तो अब मुझे अपना मार्ग दिखाइए कि मैं आपको जानूँ और आपके अनुग्रह की दृष्टि पाऊँ और विचार कीजिए कि ये राष्ट्र आपके लोग हैं उसने भगवान से विनती करना शुरू किया मैं नहीं जा सकता आपकी उपस्थिति मेरे लिए स्वर्गदूतों से अधिक महत्वपूर्ण है यदि आप मेरे साथ नहीं चलते हैं तो मैं कहाँ जा रहा हूँ वह एक ऐसा व्यक्ति है जिसने अब यह पता लगा लिया है कि आप ईश्वर की एक निश्चित स्पष्ट वर्तमान उपस्थिति के बिना यात्रा

कैसे कर सकते हैं आप एक भाग्य का सामना करने कैसे जा सकते हैं और आपके साथ कुछ भी ठोस नहीं है आप कैसे जाएँगे और इस पीढ़ी के सामने अपना सीना लाएँगे और ऐसा कुछ भी नहीं है जिसके साथ आप उनसे निपटने जा रहे हैं यह आदमी का रोना था आपने मुझे नहीं बताया कि मेरे साथ कौन जाएगा आपने कहा कि आप मेरे साथ नहीं जा रहे हैं मैं कहाँ जा रहा हूँ जवाब में भगवान ने कहा कि मेरी उपस्थिति आपके साथ रहेगी मैं आपको आराम दूंगा श्लोक 14

क्योंकि अब वह जानता है कि यदि परमेश्वर वहां नहीं है तो मैं समाप्त हो गया हूं मुझे यहां से मत ले जाओ मैं कहीं नहीं जा रहा हूं तब उसने परमेश्वर से कहा तब लोग कैसे जानेंगे कि हम आपके लोग हैं वे कैसे जानेंगे कि मैंने आपकी दृष्टि में अनुग्रह पाया है सिवाय इसके कि आप हमारे साथ चलें यही एकमात्र चीज है जो मुझे अलग करेगी क्योंकि आपको, आपके लोगों और मुझे उन सभी लोगों से अलग करेगी जो पृथ्वी के चेहरे पर थे कृपया आप सभी लोग श्लोक 18 या 17 को देखें यह इस बारे में है कि हम कहां रुकने जा रहे हैं प्रभु ने मूसा से कहा मैं यह भी करूंगा जो तुमने कहा है क्या तुम्हें समझ में आया मैं यह भी करूंगा जो तुमने मांगा है इसलिए परमेश्वर ने पहले ऐसा करने का इरादा नहीं किया था लेकिन क्योंकि यह आदमी जोर दे रहा था भगवान ने कहा मैं यह भी करूंगा जो तुमने कहा है तब वह चला गया मूसा ने कहा कृपया मुझे अपनी महिमा दिखाओ तब प्रभु ने कहा मैं अपनी सारी अच्छाई तुम्हारे सम्मुख से गुज़रने दूंगा और मैं तुम्हारे सम्मुख

भगवान ने कहा तुम मेरा चेहरा नहीं देख सकते क्योंकि कोई भी मनुष्य मुझे देखकर नहीं जाएगा परन्तु क्योंकि यह मनुष्य जिद कर रहा था मुझे अपनी महिमा दिखाओ भगवान ने कहा चूंकि तुम मुझे तब तक जाने की अनुमति नहीं देने वाले जब तक मैं तुम्हें अपनी महिमा नहीं दिखाऊं भगवान ने इसे संभव बनाने के तरीके पर विचार करना शुरू किया इसलिए भगवान ने कहा यहां मेरे पास एक चट्टान है तुम चट्टान पर खड़े होगे यह वह जगह होगी जहां से मेरी महिमा गुजरेगी मैं तुम्हें चट्टान की दरार में रखूंगा जब मैं गुजरूंगा तो मैं तुम्हें अपने हाथ से ढक लूंगा फिर मैं अपना हाथ हटा लूंगा और तुम मेरी पीठ देखोगे लेकिन मेरा चेहरा नहीं देखा जाएगा भगवान को वह अतिरिक्त मील जाने के लिए क्या मजबूर कर रहा था? क्योंकि मूसा कह रहा है हे प्रभु, यदि आप मुझे अपनी महिमा नहीं दिखाते हैं तो कुछ भी नहीं है, मैं इस क्षण यहीं रुकता हूं यह विश्वास करते हुए कि ईश्वर इस समय का अधिकतम लाभ उठाने में आपकी सहायता करेंगे, मैं दो बातें कहकर समाप्त करना चाहता हूं, जैसा कि मैं मूसा के जीवन को देखता हूं और जैसे मैं अन्य लोगों को देखता हूं, जिनके बारे में बात करने के लिए मेरे पास समय नहीं था, मैंने पाया कि जब ईश्वर को कोई ऐसा व्यक्ति मिल जाता है जो उससे अधिक चाहता है, ईश्वर उन्हें उतना ही देता है जितना वे ढूंढ रहे होते हैं, ईश्वर उनके लिए उतना ही करता है, जितना वे प्राप्त करने के लिए भूखे होते हैं, जो कभी नहीं हुआ, मूसा इसे यहां होने दे रहा था, जो कभी नहीं किया गया, ईश्वर ने कहा, लेकिन चूंकि आप जोर दे रहे हैं, तो एक तरीका है जिससे हम इसे हल कर सकते हैं, मैं अपनी आत्मा में महसूस करता हूं कि इस

बैठक के दौरान ईश्वर कुछ ऐसा करेंगे जो उन्होंने पहले नहीं किया है, लेकिन

भगवान आपको यहाँ इसलिए नहीं लाए हैं क्योंकि वे कहीं और नहीं हैं, बल्कि इसलिए क्योंकि उन्होंने एक नियुक्ति का स्थान चुना और उन्होंने कहा कि वहाँ मुझसे मिलो, तुम मेरे साथ प्रार्थना में शामिल होगे, तुम भगवान से कहोगे कि मुझे आपकी उपस्थिति का अधिकतम लाभ उठाने में मदद करो, मेरे दिल की मदद करो, मुझे विचलित न होने दो, जो भी मुझे विचलित करता है उसे दूर करो और मेरी मदद करो क्योंकि लोग पूछ रहे हैं कि तुम वहाँ क्यों जा रहे हो, हम यहाँ प्रार्थना करने के लिए रुकेंगे, अपना दिल भगवान के साथ व्यवस्थित करो, अपनी आत्मा को स्पष्ट करो और कृपया मैं आपसे भगवान के नाम पर विनती करता हूँ, यह किसी अन्य स्थान की तरह नहीं है और यह किसी अन्य बैठक की तरह नहीं है, यह है कि भगवान कहते हैं कि मेरे पास आओ, कृपया ध्यान भटकाने वाली चीजों को अलग रखो, वह जानता है कि उन्हें कैसे संभालना है, जब शमूएल के लिए शाऊल का अभिषेक करने का समय आया, भगवान ने उससे कहा कि मैं शाऊल को कल इसी समय तक तुम्हारे पास ला रहा हूँ, वह आ जाएगा लेकिन शाऊल को पता भी नहीं था, उसने खुद को बहते हुए देखा जब तक कि वह सही समय पर नहीं आ आओ मिलकर प्रार्थना करें उद्धारकर्ता उद्धारकर्ता मैं ही हूँ, क्यों कोई दूसरा मेरे पास से न गुज़रे उद्धारकर्ता

उद्धारकर्ता उद्धारकर्ता उद्धारकर्ता अपने उद्धारकर्ता को बचाओ, वह रोएगा नहीं, मेरे पास से क्यों नहीं गुजरते पिता कृपया हमें प्रार्थना करने में मदद करें, मेरे भाइयों और बहनों की मदद करें प्रभु कृपया उन्हें व्यक्तिगत रूप से समझ दें पवित्र आत्मा इस स्थान पर अपना काम करें क्योंकि वे अब आपको बुलाते हैं उनके लिए रास्ता खोल दें उनके लिए अपना दिल खोल दें प्रभु हमारे साथ हमारे दिन को अधिकतम करें प्रभु प्रभु इसलिए कृपया आगे बढ़ें और अब प्रार्थना करें प्रार्थना करने के लिए अपना समय लें भगवान से बात करें जिस तरह से आप उससे बात करना चाहते हैं भगवान से विनती करें कि वह आप पर दया करें अब किसी भी तरह से आप इस प्रार्थना को करना पसंद करते हैं किसी भी तरह से आप किसी भी तरह से प्रार्थना करना पसंद करते हैं आप खड़े होना चाहते हैं आप घुटने टेकना चाहते हैं जो भी आप करना चाहते हैं बस इसे किसी भी तरह से करें आपको प्रार्थना करनी चाहिए मैं यहां आया हूं यह व्यर्थ नहीं जाना चाहिए भगवान की आत्मा आपका रास्ता है कृपया

प्रभु, अपना रास्ता अपनाओ, प्रभु, प्रभु, प्रभु, जीवित परमेश्वर की आत्मा, कृपया हमारे लिए उन लोगों को उठाएँ जिन्हें आप अपनी दया से लाए हैं, हमें आपके स्पर्श के बिना जाने की अनुमति दें, पवित्र आत्मा, कुछ बेहतर, कुछ शाश्वत, कुछ जो हमारी कहानी, हमारे भाग्य को लौटाता है, हे भगवान, हे भगवान, हे भगवान, आप यहाँ जिस भी चीज़ के साथ आए हैं, क्या यह बीमारी है, क्या यह कुछ भी है, उनके बारे में भूल जाइए, यह हल हो जाएगा, यह हल हो जाएगा, यह हल हो जाएगा, जब आप भगवान की

उपस्थिति में आते हैं, तो सब कुछ हल हो जाता है, सबसे बड़ी बात यह है कि आपको उनसे मिलना है, उन्हें आपको छूना है, आपको बस इतना ही चाहिए, इससे ज़्यादा कुछ नहीं, प्रभु, प्रभु

बड़ा मौका

हम इस पुस्तक को उन लोगों के लिए एक रास्ता प्रदान किए बिना समाप्त नहीं करेंगे जो प्रभु के साथ संबंध बनाना चाहते हैं।

बड़ा मौका

हम इस शीर्षक को सीमाहीन पर तब तक समाप्त नहीं करेंगे जब तक हम उन लोगों को आज शांति बनाने का अवसर प्रदान नहीं करते जिन्होंने यीशु का सामना नहीं किया है

मुक्ति की प्रार्थना

उद्धार की प्रार्थना - परमेश्वर के साथ हमारी पहली वास्तविक बातचीत

"उद्धार की प्रार्थना" सबसे महत्वपूर्ण प्रार्थना है जो हम कभी भी करेंगे। जब हम एक ईसाई बनने के लिए तैयार होते हैं, तो हम परमेश्वर के साथ अपनी पहली वास्तविक बातचीत करने के लिए तैयार होते हैं, और ये इसके घटक हैं:

- हम स्वीकार करते हैं कि यीशु मसीह परमेश्वर है; वह इस पृथ्वी पर मनुष्य के रूप में आया ताकि वह पाप रहित जीवन जिए जिसे हम नहीं जी सकते; वह हमारे स्थान पर मरा, ताकि हमें वह दण्ड न भुगतना पड़े जिसके हम पात्र हैं।
- हम अपने पिछले पापमय जीवन को स्वीकार करते हैं - अपने लिए जीना और परमेश्वर की आज्ञा का पालन न करना।

- हम स्वीकार करते हैं कि हम यीशु मसीह पर अपने उद्धारकर्ता और प्रभु के रूप में भरोसा करने के लिए तैयार हैं।
- हम यीशु से प्रार्थना करते हैं कि वह हमारे हृदय में आये, वहाँ निवास करे, और हमारे द्वारा जीवन जीना आरम्भ करे।

उद्धार की प्रार्थना - यह ईश्वर में विश्वास से शुरू होती है

जब हम उद्धार की प्रार्थना करते हैं, तो हम ईश्वर को यह बताते हैं कि हम मानते हैं कि उनका वचन सत्य है। उसने हमें जो विश्वास दिया है, उसके द्वारा हम उस पर विश्वास करना चुनते हैं। बाइबल हमें बताती है कि " *विश्वास के बिना उसे प्रसन्न करना असंभव है, क्योंकि जो ईश्वर के पास आता है, उसे विश्वास करना चाहिए कि वह है, और वह उन लोगों को प्रतिफल देता है जो परिश्रम से उसके खोजी हैं*" (इब्रानियों 11:6)।

इसलिए, जब हम प्रार्थना करते हैं, ईश्वर से उद्धार के उपहार के लिए पूछते हैं, तो हम यह स्वीकार करने के लिए अपनी स्वतंत्र इच्छा का प्रयोग कर रहे होते हैं कि हम उस पर विश्वास करते हैं। विश्वास का यह प्रदर्शन ईश्वर को प्रसन्न करता है, क्योंकि हमने उसे जानने के लिए स्वतंत्र रूप से चुना है।

उद्धार की प्रार्थना - अपने पापों को स्वीकार करना

जब हम उद्धार की प्रार्थना करते हैं, तो हम स्वीकार करते हैं कि हमने पाप किया है। जैसा कि बाइबल सभी के बारे में कहती है, केवल मसीह को छोड़कर: " *क्योंकि सब ने पाप किया है और*

परमेश्वर की महिमा से रहित हैं" (रोमियों 3:23)।

पाप करना बस लक्ष्य से चूक जाना है, जैसे कि एक तीर जो ठीक निशाने पर नहीं लगता। परमेश्वर की महिमा जिससे हम चूक जाते हैं, वह केवल यीशु मसीह में ही पाई जाती है: " *क्योंकि परमेश्वर ही है जिसने अंधकार में से ज्योति को चमकने की आज्ञा दी, और जो हमारे हृदयों में चमका कि परमेश्वर की महिमा की पहचान की ज्योति यीशु मसीह के चेहरे से दे*" (2 कुरिन्थियों 4:6)।

तो, उद्धार की प्रार्थना यह स्वीकार करती है कि यीशु मसीह ही एकमात्र मनुष्य है जो कभी पाप के बिना रहा। " *क्योंकि उसने जो पाप से अज्ञात था, उसे हमारे लिये पाप ठहराया, कि हम उसमें होकर परमेश्वर की धार्मिकता बन जाएँ*" (2 कुरिन्थियों 5:21)।

उद्धार की प्रार्थना - मसीह को उद्धारकर्ता और प्रभु
के रूप में विश्वास करना मसीह को हमारी पूर्णता का मानक मानक मानते हुए, हम अब प्रेरित यूहन्ना के साथ सहमत होते हुए, उनमें ईश्वर के रूप में विश्वास को स्वीकार कर रहे हैं कि: " *आदि में वचन (मसीह) था, और वचन परमेश्वर के साथ था, और वचन परमेश्वर था। वह आदि में परमेश्वर के साथ था। सब कुछ उसी के द्वारा उत्पन्न हुआ, और जो कुछ उत्पन्न हुआ है, उसमें से कुछ भी उसके बिना उत्पन्न नहीं हुआ* " (यूहन्ना 1:1-3)।

क्योंकि परमेश्वर केवल एक पूर्ण, पापरहित बलिदान को स्वीकार कर सकता था, और क्योंकि वह जानता था कि हम इसे संभवतः

पूरा नहीं कर सकते, इसलिए उसने अपने पुत्र को हमारे लिए मरने और अनन्त मूल्य चुकाने के लिए भेजा। " *क्योंकि परमेश्वर ने जगत से ऐसा प्रेम रखा कि उसने अपना एकलौता पुत्र दे दिया, ताकि जो कोई उस पर विश्वास करे, वह नाश न हो, परन्तु अनन्त जीवन पाए।* " (यूहन्ना 3:16)।

मुक्ति की प्रार्थना - इसे अभी कहो और इसका अर्थ समझो!

क्या आप अब तक पढ़ी गई हर बात से सहमत हैं? अगर आप सहमत हैं, तो यीशु मसीह में अपना नया जीवन शुरू करने के लिए एक पल भी इंतज़ार न करें। याद रखें, यह प्रार्थना कोई जादुई फ़ॉर्मूला नहीं है। आप बस अपने दिल की बात भगवान से कह रहे हैं। हमारे साथ यह प्रार्थना करें:

"*पिता, मैं जानता हूँ कि मैंने आपके नियमों को तोड़ा है और मेरे पापों ने मुझे आपसे अलग कर दिया है। मैं सच में क्षमा चाहता हूँ, और अब मैं अपने पिछले पापपूर्ण जीवन से दूर होकर आपकी ओर मुड़ना चाहता हूँ। कृपया मुझे क्षमा करें, और मुझे फिर से पाप करने से बचने में मदद करें। मेरा मानना है कि आपका पुत्र, यीशु मसीह मेरे पापों के लिए मरा, मृतकों में से पुनर्जीवित हुआ, जीवित है, और मेरी प्रार्थना सुनता है। मैं यीशु को अपने जीवन का प्रभु बनने, आज से मेरे दिल में शासन करने और राज करने के लिए आमंत्रित करता हूँ। कृपया मुझे आपकी आज्ञा मानने और अपने शेष जीवन में आपकी इच्छा पूरी करने में मदद करने के लिए अपनी पवित्र आत्मा भेजें। यीशु के नाम में मैं प्रार्थना करता हूँ, आमीन।*"

उद्धार की प्रार्थना - मैंने यह प्रार्थना की है; अब क्या?
यदि आपने उद्धार की यह प्रार्थना सच्चे विश्वास और हृदय से की है, तो आप अब यीशु के अनुयायी हैं। यह एक तथ्य है, चाहे आप कुछ अलग महसूस करें या न करें। धार्मिक प्रणालियों ने आपको यह विश्वास दिलाया होगा कि आपको कुछ महसूस करना चाहिए - एक गर्म चमक, एक झुनझुनी, या कोई अन्य रहस्यमय अनुभव। तथ्य यह है कि, आप ऐसा कर सकते हैं या नहीं भी कर सकते हैं। यदि आपने उद्धार की प्रार्थना की है और इसे गंभीरता से लिया है, तो आप अब यीशु के अनुयायी हैं। बाइबल हमें बताती है कि आपका शाश्वत उद्धार सुरक्षित है! " *कि यदि तुम अपने मुँह से प्रभु यीशु को स्वीकार करो और अपने हृदय से विश्वास करो कि परमेश्वर ने उसे मरे हुओं में से जिलाया है, तो तुम बच जाओगे*" (रोमियों 10:9)।

परमेश्वर के परिवार में आपका स्वागत है! हम आपको अब एक स्थानीय चर्च खोजने के लिए प्रोत्साहित करते हैं जहाँ आप बपतिस्मा ले सकते हैं और परमेश्वर के वचन, बाइबल के माध्यम से उसके ज्ञान में बढ़ सकते हैं।
आप हमारी साइट www.otakada.org पर भी जा सकते हैं जो आपको मसीह में विकसित होने और बढ़ने में मदद करेगी। डिस्कवरी बाइबल अध्ययन में इस लिंक का उपयोग करके स्वयं यीशु की खोज करें।
https://www.otakada.org/dbs-dmm/
40 दिन की शिष्यता यात्रा

https://www.otakada.org/get-free-40-days-online-discipleship-course-in-a-journey-with-jesus/ के माध्यम से अपनी गति से 40-दिवसीय यात्रा ऑनलाइन शुरू कर सकते हैं

या

आज ही यीशु के साथ व्यक्तिगत शिष्यत्व के सन्दूक में शामिल हों:

टेलीग्राम चैनल

https://t.me/holyghostschooldiscipleship

व्हाट्सएप चैनल

https://whatsapp.com/channel/0029VaV4S1nL7UVSD6UDVD36

यदि आपको मार्गदर्शन की आवश्यकता हो तो
info@otakada.org पर ईमेल भेजें
प्रभु आपके जीवन को विस्तृत करें और आपको आनंद, शांति, प्रेम और सद्भाव से भर दें जो केवल वही दे सकता है, आमीन

शालोम!

Otakada.org टीम

www.ingramcontent.com/pod-product-compliance
Lightning Source LLC
LaVergne TN
LVHW010813051026
849532LV00007B/2535
* 9 7 9 8 3 4 9 6 6 9 2 1 7 *